사랑, 신과의 만남

Der grenzenlose Gott(1955, ²1981)
© Johannes Verlag Einsiedeln, Freiburg
Korean translation copyright © 2023 Catholic Publishing House

All rights reserved. No part of this book may be used or reproduced in any manner without written permission, except in the case of brief quotations embodied in critical articles or reviews.

사랑, 신과의 만남

2023년 3월 30일 교회 인가
2023년 9월 21일 초판 1쇄 펴냄

지은이 • 아드리엔 폰 슈파이어
옮긴이 • 조규홍
펴낸이 • 정순택
펴낸곳 • 가톨릭출판사
편집 겸 인쇄인 • 김대영
편집 • 강서윤, 정주화
디자인 • 정호진
마케터 • 장제민, 임찬양

본사 • 서울특별시 중구 중림로 27
등록 • 1958. 1. 16. 제2-314호
전자우편 • edit@catholicbook.kr
전화 • 1544-1886(대표 번호)
지로번호 • 3000997

ISBN 978-89-321-1871-0 04230
　　　978-89-321-1864-2 (SET)

값 22,000원

성경 ⓒ 한국천주교중앙협의회, 2023.

이 책의 한국어 출판권은 (재)천주교서울대교구 가톨릭출판사에 있습니다.
저작권법에 의해 한국 내에서 보호를 받는 저작물이므로 무단 전재와 무단 복제를 금합니다.

가톨릭의 모든 도서와 성물을 '**가톨릭출판사 인터넷쇼핑몰**'에서 만나 보실 수 있습니다.
http://www.catholicbook.kr | (02)6365-1888(구입 문의)

사랑, 신과의 만남

아드리엔 폰 슈파이어 지음 · 조규홍 옮김

Adrienne von Speyr
Der grenzenlose Gott

가톨릭출판사

옮긴이의 말

 한 신앙인이 관조한 진실이 이처럼 담백한 글로 우리를 사로잡는 경우는 드물다. 사실 우리는 자명한 진리를 자주 잊거나 의식하더라도 진지하게 생각하지 않는다. 그래서 아드리엔 폰 슈파이어는 다시금 자명한 진리를 보다 더 많은 사람들이 의식할 수 있고 또 진지하게 생각할 수 있도록 친절하게 때로는 단호하게 전한다.

 하느님 아버지께서는 당신의 영원성 밖으로 이 세상을 창조하셨지만, 세상 만물이 그분과의 "유대 없이 머무르지 않도록" 배려하셨으니, "사람은 하느님을 지각할 수 있는 능력을 갖추고 창조"되었다.

슈파이어는 처음부터 하느님께서 무한정 품으신 "사랑"을 명심하도록 《창세기》의 행간에 숨어 있는 의미를 밝히며 시작한다. "끝없이 펼쳐지는 바다"도 하느님의 무한성을 암시하는 대표적인 상징 가운데 하나이듯 "창조된 모든 것은 하느님께서 당신 자신을 일러 주는 수단으로 마음에 새길 필요가 있다." 하고 말이다. 물론 피조물로써 하느님을 이해하려는 시도는 항상 '불완전'할 수밖에 없으니, 하느님께서 몸소 당신 자신을 보여 주신 그리스도의 강생은 우리 구원을 위해 꼭 필요한 "삼위일체 하느님의 귀한 선물"이다. 그리스도께서는 그렇게 우리의 "문"이자 "길"이다. 하느님의 사랑은 손수 사람을 만드시고 기르시고 거두시는 섭리에서도 잘 드러나지만, 쉽사리 죄악에 떨어지는 사람을 "첫 번째 너"로 택하셨다는 사실에서 유독 두드러진다. 죄로 인하여 피할 수 없는 죽음 앞에서 통감하는 유한성에도 불구하고 영원하신 하느님과 대화하는 상대로 사람이 뽑힌 것은 순전히 그분의 은총 덕분이다. "이 대화가 기도의 근원이다." '기도'는 신앙인에게 마치 생명체에게 필수적인 공기와 같다. 신앙인은 "하느님의 뜻이라면" 따라야 한다고 믿듯이 '기도'는 그분의 뜻에 온통 자신을 내맡기는 것이란 점에서 그러하다. 바꿔 말하면 신앙인은 세상 사람들처럼 미리 계획할 수 없다. 슈파이어는 아주 분명하게 말한다. 이제 신약 시대에 신앙은 "그 날과 그 시간은 아무도 모른다."(마태 24,36)고 말씀하신 성자를 오롯이 뒤따르겠다는 고백을 내포하기에 무계획적인 추종을 함의한다. 그리고 저 "무계획은 기도에 의해" 채워진다.

우리는 그동안 자세히 알고자 엄두조차 내기 어려웠던 '삼위일체 하느님의 사랑' 및 '성령'의 실체에 조금은 더 가까이 접근할 기회를 슈파이어의 통찰에서 얻는다.

"만일 성자께서 성부께 되돌아가실 때 성령을 보내실 거라고 약속하셨다면, 그렇게 성령께서는 사람이 되시거나 이 지상에서 [성자와] 똑같은 운명으로 살아가실 분은 아니다. 우리는 그분의 흔적을 오순절 사건을 통해 확신할 수 있다."

그래서 그분은 "그 어떤 외적인 형상으로 포착되지도 않고, 윤곽이 그려지지도 않거니와 더더욱 간단히 파악될 수도 없다. …… [다만] 성령께서는 성자께서 마련하신 표지들 안에서 작용하실 것이다. …… 그리고 성령께서는 인간적인 형태가 아니라 차라리 그와는 다른, 그러니까 [사람을 제외한] 다른 모든 것과 닮은 그런 모습으로 자신을 드러내신다. 성자와 성령께서 저마다 일으키시는 작용의 상이성에도 불구하고 그 상이성으로 드러나는 많은 점들이 그처럼 아주 다양한 과정들을 입증하듯 결과적으로 하느님 사랑이 무한하다는 사실을 알아볼 수 있게" 해 준다.

"그러니까 성자의 목적이 우리를 성부께 가까이 데려다주시는 것이라고 본다면, 바로 그와 유사한 움직임을 성령께서도 취하신다는 뜻이다. 그리고 우리가 성자를 눈으로 볼 수 있음으로 말미암아 잘못 해석하고, 또한 성자에게서 목격되는 인간적인 것으로 인해 신적인 것을 간과해 버릴 위험에 늘 처해 있기 때문에, 성령께서는 [우리에게] 파악될 수 없는 모습을 취하시고, 이처럼 성령의 오직 영으로 존재하심이 한편 성자의 이미지를 더욱 심화시킬 뿐만 아니라 다른 한편 성자의 사람 되심에(만) 한껏 편중될 가능성을 미연에 차단한다."

슈파이어는 평신도로서 일찍이 신비 체험에 익숙했던 터

라 '수도회'에 대한 동경이 남달랐다. 자신의 세례 신부와 함께 1945년에 설립한 재속 수도회 '요한 공동체'도 그런 심경을 구현한 것처럼 비친다. 그것은 관상의 가치와 의미를 너무나 잘 알고 있었기 때문인 듯하다. "만일 기도하는 자가 오롯이 기도하기 위해, [그러니까] 오직 관상에 몰두하기 위해 모든 것을 버리고 조용한 곳을 찾아서 떠날 것을 결심한다면, 그는 하느님의 침묵이 작용하는 직접적인 힘에 의해서만 그렇게 행동하고 있음을 스스로 깨닫게 된다." 그도 그럴 것이 그녀가 깨달은 바에 의하면, 원천적으로 저 십자가상에서 성자께서 "버림받으심"을 온몸으로 느끼며 울부짖으신 외마디가 명명백백하게 보여 준 '하느님의 침묵'이 모든 신앙인이 그리스도와 함께 그리스도 안에서 그리스도를 통하여 궁극적으로 도달해야 할 지점이기 때문이다. "우리가 이 지상에서 살아가면서 항상 예의 주시하며 함께 걸을 수 있는 그리스도의 온전한 모습은 [사실] 오직 성자만이 꿰뚫어 보실 수 있는 성부의 침묵 안에 가려져 있다. 예수 그리스도의 생애 끝자락에서 그동안 우리가 볼 수 있게 된 성자, 우리가 들을 수 있게 된 말씀 또한 성부의 침묵으로 되돌아가셨다. 그리하여 우리는 성부와 성자와 성령께서 함께하시는 그 침묵 안에서 지금까지 삼위일체 하느님에 관하여 경험했던 것보다 훨씬 더 엄청난 것을 경험하게 될 것이다."

그러나 슈파이어는 신앙인이 혼자 관상에 젖어 사는 것을 우려한다. "신앙은 하느님을 향해 나아가긴 하지만 중도에 방해받지 않을 수 없기에, 교회의 가르침이라는 프리즘을 거쳐서 비로소 하느님을 만나도록 해 준다." 왜냐하면 슈파이어는 신앙인 각자가 하느님의 파트너로서 인격적으로 응답할 수 있고 또 응답해야 할 책임이 있지만, 그들이 이미 "거룩한 이들의 통공"을 고백하는 공동체의 일원이라는 점에서 공동체의 지원과 역할이 신앙인 각자의 응답에 동반되어야 한다고 강조하기 때문이다. 개별 신앙인에게 인격적으로 건네진 하느님의 "부르심 자체"는 교회와 결속되어 있다. 그래서 슈파이어는 자주 이를 주지시킨다. "개별 신앙인들에게서 주관적인 바라봄의 성격을 띠는 모든 것을 반드시 교회의 규범을 통해 추스르고 조절해야 한다."거나 "교회 없이는 신앙인이 영원한 나라에 속하는 어떤 것을 인간적인 허망한 것들로 취급해 버리는 위험에 처할 수 있다."고 말이다. 그럼에도 개인적인 영적 체험의 긍정적인 점도 잊지 않는다. "그러니까 그 어떤 사적인 환시도 전체 교회의 신앙을 위해 어떤 의미를 갖는다는 말이다."

그렇듯 슈파이어에게 개별 신앙인과 교회 사이의 결속은 매우 진지하고 의미심장하다. 이는 교회를 대표하는 베드로 사도와 《요한 복음서》 및 《요한 묵시록》의 저자로서 남다른 통찰력을 지닌 요한 사도를 비교하는 대목에서도 잘 나타난다. 거기서 "직관은 요한 사도의 것이다. 그러나 베드로 사도의 소임에는 묵시적으로 직관하는 자에 대해 처리하는 권한이 속해" 있다. 그렇게 "요한 사도는 자신이 직관하였던 것을 교회에 넘겨주고, 그로써 교회는 자신의 고유한 권한으로 이 직관에 대해 주재主宰"하게 된다.

이 책을 집필한 아드리엔 폰 슈파이어는 1940년 당시 예수회 소속 한스 우르스 폰 발타사르 신부에게 조건부 세례를 받고 개신교에서 가톨릭으로 개종했다. 그녀의 글이 거의 전부 자신의 세례 신부인 발타사르 신학자의 편집을 거쳐 출간된 만큼 그녀의 신비 체험 및 통찰에 대한 의구심은 떨쳐 버려도 좋다. 비록 그녀의 글이 때로는 비논리적이고 근거 제시가 충분치 않다는 점에서 녹녹치 않게 들릴 수도 있겠지만 그렇다고 가톨릭 교회가 간직해 온 가르침에서 벗어나지 않는다. 이미 독일어 외에 다른 수많은 언어로도 옮겨져 국제적으로 널리 알려진 것도 이를 방증하는 셈이다.

이렇게 《사랑, 신과의 만남》을 우리말로 소개하는 기회를 갖게 되어 기쁘다. 다만 접속어 없이 쉼표로만 열거되거나 술어가 생략된 채 담백하게 기술된 독일어 원문을 우리말로 고스란히 표현하지 못하고 생략된 부분을 추가할 수밖에 없었던 역자의 부족함에 대해선 독자들이 넓은 아량을 베풀어 주길 삼가 청한다. 따라서 본문에 없는 보충어는 대괄호, 그 외에 이해에 도움을 주는 경우는 괄호를 활용하였고, 좀 더 도움이 될까 싶어 '역자 주'를 첨부하였다. 역자 주 외의 모든 각주는 원서를 편집한 '한스 우르스 폰 발타사르 신부님의 주석'임을 밝힌다.

또한 독자들이 이 책의 내용을 보다 쉽게 이해할 수 있도록 각 장 시작 부분에 원문에는 없는 요약 글을 추가했다. 더 많은 독자들이 이 책을 접하고, 슈파이어의 신학에 다가가길 바란다.

2023년 5월(성모 성월)에
조규홍

차례

옮긴이의 말   5

1장   창조   17
2장   인간적인 유한성의 극복   41
3장   영원한 시간과 지나가는 시간   63
4장   삼위일체적인 사랑의 중재   81
5장   성부께로 나아가는 길을 안내하시는 성령   107
6장   성자의 유한하심과 무한하심   127

7장   **교회 안에서 성부와 그분의 계시**   161

8장   **성부와 성령의 침묵**   189

9장   **성부의 말씀과 기도**   229

10장   **삼위일체 하느님의 초대**   251

11장   **사람의 응답**   281

       아드리엔 폰 슈파이어의 생애와 영성   309

1장

창조

세상 창조부터 이미 삼위의 하느님께서 함께 계셨다. 하느님께서는 손수 만드신 온갖 피조물에게 당연히 당신과의 유대를 배려하셨다. 최종적인 피조물로서 인간을 당신의 대화 상대자로 선택하셨다. 당연히 그분과의 대화에 초대받은 인간에게 자유는 필수다. 따라서 인간은 거듭되는 경험을 통해 사물들에 대한 인식과 활용 능력을 점차 확장시키면서 그 이면에 감춰진 무한하신 하느님을 스스로 깨달을 수 있어야 한다. 그것이 바람직한 의미에서 진보다. 예를 들어 하느님의 전권이 유독 분명하게 드러나는 '바다'에서 인간은 자신의 한계를 인정하면서 그 어느 곳보다도 훨씬 더 많이 하느님께 내맡긴 채로 살아가야 함을 실감한다. 그렇듯 우리에게 전수된 《성경》 외에도 창조된 모든 것은 하느님께서 당신 자신을 일러 주는 수단이다.

창조된 날들 속에 내재하는 완전성의 의미와 더불어 창조된 만물은 또한 성자의 강생을 알리는 서막이다. '좋은 것'에서 벗어난 창조는 있을 수 없도록 세상을 만드신 하느님의 의중은 이미 영원성 아래서 그분의 구원을 위한 심판을 내포한다. 바로 그 때문에 삼위의 하느님에 대한 믿음을 저버리고 순종하지 않은 인간의 역사는 구원 역사에서 일어난 에피소드처럼 기억될 것이다. 그도 그럴 것이 하느님께서 기꺼이 인간의 창조주로서, 아버지로서 그리고 당신의 모상으로 인간을 만드심으로써 인간을 대하셨다는 사실이 얼마나 그분의 사랑이 차고 넘치는지 모를 수 없기 때문이다. 그래서 인간은 그 원형이신 무한하신 하느님에 비해 단순히 가망 없는 피조물로서 보잘것없이 결국 유한한 삶을 마감하고 마는 존재가 아니다. 그 모범을 하느님께서는 당신 아드님을 '둘째 아담'으로 삼으시어 그분의 희생을 통해 친히 보여 주셨다. 아무도 성부를 성자처럼 뵙지 못하였기에, 성자만이 성부를 계시하시고 보여 주실 수 있다. 그렇게 성자께서는 오직 그분을 통해 성부를 알아보고 다가갈 수 있도록 이끄는 우리의 '문'이자 '길'이시다.

성부와 성자와 성령은 영원히 함께 계신다. 성부께서는 완

전한 신적인 방식으로 성자와 성령에게 당신 자신을 계시하시며 성자와 성령에게서 신적인 응답을 들으신다. 성부께서는 이 세상을 창조하실 때 영원한 세계를 개방하심으로써 사멸하는 세계도 존재의 기회를 누리게 하셨다. 성부께서는 당신의 영원성 밖으로 일부를 내놓으셨지만, 피조물이 영원성과 유대 없이 머무르지 않도록, 그러니까 그 자체 안에 고립된 하나로 존재하지 않도록 배려하셨다. 하느님께서 창조하신 것은 곧 당신도 지니셨던 것으로 그렇듯 당신의 섭리와 일정한 관계가 보장된다. 하느님의 창조 의지는 세상에 대해 변함이 없으며, 그분께서는 창조 활동 중에 창조주의 존재가 세상에 드러나게 하셨다. [다시 말해] 하느님께서는 당신 자신을 감추거나 냉담하게 머무르지 않으셨고, 당연히 피조물과 대화하기를 기대하셨다.

그리하여 피조물의 첫 번째 응답은 피조물 스스로 일궈내는, 곧 자신의 궁극적인 의미를 하느님 안에서 취하면 좋을 그런 실재성인 동시에 이미 창조된 존재로서 의미를 지니는 그런 실재성을 스스로 완성하기까지 기꺼이 힘쓰는 것이었다. 하느님께서는 마른 것들과 물을 나누어 따로 세우시는 가운데 땅을 의미심장한 표징으로 삼으셨다. 땅은 그 위에서 사람이 살아갈 수 있도록 단단하게 만드셨으니, 사람은 하느님께서 모든 것을 쏟아부으신 최종적인 피조물이기 때문이다. 하느님께서는 사람이 갖춰야 할 모든 것을 넘겨주셨는데, 그렇게 넘겨주기까지 진지하게 숙고하셨으며 결코 다시는 가져가지 않으셨다. 그렇게 넘겨받은 것은 사람이 살아가는 주변 세계, 그러니까 하느님께서 사람을 위해 마련하신 세상과 살아가는 동안 관계를 맺으며 적응하도록 도왔다. 사람의 이러한 활동은 하느님 편에선 일종의 기도에 비유된다. 왜냐하면 사람은 그러한 활동 중에 접하는 사물 및 사건들 안에서 하느님께서 손수 마련하신 것을 통찰해야 바람직하기 때문이다. 그래서 그가 눈으로 보고 귀로 들으며 몸으로 느끼면서 경험하는 가운데 자신의 감각과 이성을 발휘하여 하느님의 뜻을 깨달을 수 있어야 한다. 사람은 감성과 지성을 갖췄으니, 그로써 그때마다 접하는 사물 및 사건을 대하며, 자신이 통제할 수 있는 방식으로 반응할 수 있도록 창조되었다. 그러나 사람이 매번 지각하고 응할 때마다 그 뒤에 보이지 않는 하느님께서 서 계신다. 하지만 하느님께서는 그 모든 사물과 경험의 척도로서 엄격히 제한하시거나 확정하시는 일 없이 그 모든 것 안에서 당신의 목소리가 들릴 정도로(만) 관여하신다. 그래서 사물 및 사건이 단순하면 단순할수록 하느님께서는 더욱더 뚜렷하게 드러나신다. 그렇다고 하느님께서는 사물들 및 사건들에 의해 온전히 포착되는 것도 아니거니와 그러한 세상의 유한성으로 인해 축소되거나 공간적인 제약으로 인해 한정되지 않으시니, 그것들은 [다만] 항상 현재하시는 그분의 현존을 드러내는 표지에 불과하다. 그 현존은 전혀 불명확하거나 의문스러운 것이 아니다. 왜냐하면 창조주께서 지으신 모든 사물 및 사건 안에 내재된 의미가 그것을 지시하고 있기 때문이다. 하느님의 뜻은 [마치] 무기물들이나 식물들, 나아가 동물들 안에 한정되어서 저들이 사라져 버리는 순간 함께 사라지는 것이 아니다. 오히려 그러한 사물들은 보이지 않는 창조주께서 살아 계시며 그것들을 만드셨고 그것들을 한순간도 방치하지 않으시며 오래도록 아끼고 돌보신다고 나직하면서도 담대하게 우리에게 충고한다. 나아가 그렇듯 온갖 사물들과 마주하여 통찰하며 살아가는 사람의 영靈은 그때마다 그것들의 현존을 통해 하느님이 항상 현재하심을 상기하게 될 것이다.

하느님과 사람의 [직접적인] 관계는 사람이 사물들과 마주하는 중에, 하느님께서 그 사물들 안에 감춰 놓으시고 그것을 알아보도록 사람들에게 배려하신 힘과 신비를 통해서 처음 시작된다. 사람은 피조물의 주인(창조주)을 대리한다. 그래서 사람은 이 세상에서 살아가는 동안 사물들을 자유로이 처분하되 하느님의 계명을 어기지 않고 하느님께서 기대하시는 바에 부응하면서 사물들을 다스릴 수 있고 또 그래야 한다. 그러나 사람은 거듭되는 경험을 통해 사물들에 대해 점차 확장되어 가는 자신의 인식 능력과 지배하는 힘을 자각하는 동시에 그러한 사물들 이면에 감춰진 무한하신 하느님의 지혜를 깨닫게 된다. 왜냐하면 피조물 자체는 창조주를 남김없이 품을 수 없거니와 직접 창조주의 최종적인 신비를 부여할 처지가 못 되기 때문이다. 피조물은 다만 사람의 영이 꾸준히 찾고 질문하는 가운데 그 방향을 잡을 수 있는 신뢰할 만한 증표이자 담보다. 피조물은 사람이 이 세상에서 살아가는 동안 요구되는 만큼, 그러한 필요에 의해 그 이면에 내재된 의미가 드러날 것이라고 보는 한에서 사람을 위해 창조된 셈이다. 그러나 수천 년의 시간이 지났어도 사람은 여전히 이 세상을 완전하게 파악한 적이 없기에, 그때마다 세상에 공공연하게 대물림되는 앞선 과정을 따라 그 뒤를 잇는 후손들에게 나름의 역사적인 의미를 되새겨 주는 사물들과 법령들을 매번 새로운 작업을 거쳐 수용하며 살아간다. 하느님의 영광을 위해 창조된 사람은 꾸준히 확장되어 가는 자신의 통찰력으로 당신께서 일찌감치 사물들 안에 심어 두신 의미를 헤아려서 창조주를 흠숭해야 하는데, 그 의미는 시간이 흘러가면서 점차 분명해진다. 소위 진보라고 일컫는 것은 사람이 창조주의 뜻(의도)에서 벗어나지 않는 것을 전제하고 앞으로 나아감을 함의한다. 따라서 사람은 단순한 의미의 지배와 그에 수반되어야 할 힘(권력)을 갖췄기 때문이 아니라 하느님께서 그에게 맡기신 임무를 수행한다는 명분 아래서 진보할 수 있거나 매번 새롭게 작업할 수 있다.

하느님께서는 땅 곁에다 바다를 만들어 놓으셨는데, 바다는 단단한 땅과 구별된다. 이때 바다는 하느님의 놀라우신 능력과 영원히 불가해한 신비를 대변하는 매우 특별한 상징으로도 간주된다. 사람은 바다에 대해서 갈수록 더 많이 이해하기를 원하며 아마도 그만한 능력 또한 갖췄다고 본다. 하지만 바다는 여전히 사람이 많은 점에서 탐구해야 할 대상으로 머물러 있는데, 그것은 다른 사물들에 비해 상대적으로 무한한 것이자 다채로운 파도와 변화무쌍한 모습을 보임에도 항상 동일성을 유지하는 점에서 우리에겐 하느님을 비유하는 상징으로 으뜸이기 때문이다. 만일 사람이 바다를 바라본다면, 그 끝을 볼 수 없을 지경이라서 무한한 것처럼 여기기 쉽다. 그래서 바다는 사람이 보고 알아채는 다른 모든 것에 비해 **끝없이 펼쳐지는 것**이라 여긴다. 설령 사람은 자기가 서 있는 자리를 바꾸더라도 저 망망대해는 이전부터 알고 있는 동일성을 변함없이 유지한다고 여긴다. 그래서 하느님께서 땅을 거칠고 모래처럼 깔깔한 형태에다 단단하고 부드러운 재질 그리고 한쪽에는 기름진 옥토로 채우시고, 다른 쪽에는 차가운 만년설과 빙하로 덮으셨던 반면, 바다는 다양한 크기의 파도로 일렁이는 수면을 따라 한결같은 모습을 유지하도록 만드셨다. 바닷물은 어디서나 동일하게 짜지만 일렁이는 파고波高는 서로 다르면서도 하나같이 움직이는 물결로 한 몸이 되어 밀물과 썰물을 이룬다. 그러나 사람은 바다를 관찰하는 경우만이 아니라 바다와 맞서 싸우는 경우에도 절실하게 하느님을 상기하게 된다. 왜냐하면 바다를 상대로 이겨 낼 때에도 자신이 바다의 주인이 아님을 실감하기 때문이다. 사람은 이와 같은 의식意識을 이 땅의 사물들에 대해서도 갖고 있다. 그는 일찍이 선조들이 일궈 왔던 것처럼 잘될 거라고 기대하면서 자신의 논밭을 경작할 수 있다. 그러나 그가 일구는 전답에서 좋은 수확을 거둘 수도, 뜻밖의 폐해를 맛볼 수도 있다. 물론 사람은 이처럼 경험하는 중에도 하느님께서 뽑으신 단순한 일꾼(종)으로 머문다. 왜냐하면 하느님만이 결실을 허락하시거나 불허하시기 때문이다. 그런데 바다라고 하는 상징에는 하느님의 전권全權이 [더욱] 분명하게 드러난다. 어부가 스스로 고기를 잡거나 자신이 배를 조종한다고 생각할 수 있지만, 배가 움직이는 바다는 마음대로 다룰 수 없다. 출렁이는 파도는 그때마다 사람에게 말을 건네며, 폭풍우가 몰아치는 바다와 마찬가지로 고요해진 바다 또한 저마다 다음과 같은 사실을 고지한다. [예를 들어] 바다가 그때마다 앞서 내비치는 징후든 경고든 가볍게 생각할 것이 아니며, 그 앞에서 사람은 스스로, 그러니까 제 힘으로 자신의 한계를 인정하면서 해결해야 한다고 말이다. 평소에 기도를 잘하는 사람은 바다를 바라보면서 하느님께서 이 가시적인 세상을 통해서 당신 자신을 얼마나 많이 보여 주고자 애쓰시는지, 얼마나 애타게 사람을 부르며 경고하려 하시는지 또 이러한 창조를 통해 보여 주려고 하셨던 당신 사랑을 처음 그때와 다름없이 얼마나 분명하고 생생하게 드러내려 하시는지 알 수 있다.

창조된 모든 것은 하느님께서 당신 자신을 일러 주는 수단으로 마음에 새길 필요가 있다. 무엇보다도 당신의 위대하심과 무한하심을 전해 주는 도구로 말이다. 만드는 이는 그가 만든 것(작품)보다 마땅히 더 위대하다. 우리가 믿음으로 성부의 관점에서 세상이란 작품을 관찰하려고 시도하지만 우리의 이성으로는 더 이상 분명하게 알아보지 못한다고 하더라도, 사랑으로 그것을 이해하려고 시도할 수는 있다. 다만 우리가 평소에 할 수 있는 고유한 사랑으로는 거기까지 온전히 미치지 못하기에, 믿음을 가지고 미처 헤아리지 못하는 부분에 대해 마음을 열고 이해를 시도하는 행위인 **사랑**이라 부르는 그것은 최대한 하느님의 사랑을 가리키는 불완전한 상징이 된다. 그 때문에 하느님께서는 우리에게 몸소 [당신을 닮으신 아드님을 통해] 당신의 사랑을 보여 주셨으며, 믿음은 그 사랑이 단지 눈으로 볼 수 있는 것만이 아니라 우리가 그 사랑으로 살아갈 수 있다고 가르친다. 그러므로 우리가 굳건하게 믿으면 믿을수록 우리 자신도 그 사랑으로 살아갈 수 있음을 더욱더 확고하게 배우게 된다. [그러니까] 우리의 고유한 사랑으로가 아니라 항상 새롭게 우리를 압도할 저 하느님의 사랑으로 살아갈 수 있음을 배우게 된다는 말이다. 우리가 하느님의 사랑으로 들어서는 관문과 같은 신앙 자체는 앞서 우리를 위해 배려하신 삼위일체 하느님의 귀한 선물이다. 그 신앙을 통해서 우리는 사물들 안에 깊숙이 감춰 두신 성부의 사랑을 깨닫는 계기를 얻는다. 그래서 저 사랑과 하나가 되기 위하여 깊이 숙고하겠다면, 《성경》에서 파악할 수 있는 하느님 사랑의 방식에만 한정하지 말고 계속해서 우리 앞에 펼쳐지는 창조 활동 전반에 걸쳐 하느님의 놀라운 사랑을 음미할 수 있도록 과감하게 시야를 넓혀야 할 것이다.

  세상 창조를 공공연하게 드러내시는 성부의 활동을 우리는 당신의 영원한 통찰의 열매로 이해할 수 있다. 성부께서는 당신의 작품을 '날'(일, 日) 단위로 선보이셨으니, 그것은 그분이 우리가 살아가는 조건(생활 공간)이 되도록 할애하신 경우로써 **지나가는 시간**에 맞춘 것이라고 말할 수 있겠다. 그리하여 시간을 따라 나누고 또 생산할 수 있도록 말이다. 더욱이 그것은 당신의 사랑을 보여 주는 또 하나의 표징이다. 성부께서는 당신이 지으신 것을 당신의 것(소유)으로 삼으시며, 당신의 고유한 권능으로 충만하게 채우신다. 성부의 사랑은 그렇듯 지으신 것 안에 셀 수 있는 날들을 불어넣으셨고 그 날들에다 한계를 모르는 희망을 심어 놓으셨다. 그와 같이 성부께서는 그 날들을 단지 서로 일정하게 간격을 두는 방식으로 세우셨을 뿐만 아니라 제각각을 진정 당신의 특별한 호의로 어루만지셨다. 그래서 오늘날 만일 우리가 시간을 따라 해체되어 버리는 삶의 비정함을 경험하며 회의적인 생각을 품더라도, 한처음에 하나하나 밝혀진 저 영광스러운 날들을 돌이켜 재고해야 마땅할 것이다. 천지 창조 때의 하루하루는 하느님에 의해 제각기 고유한 의미를 띠게 되었으니, 마침내 안식일, 그러니까 앞서 지으신 모든 것을 두고 깊은 사색(관상, 觀想)에 잠기신 그날에 이르기까지 각각의 날들은 저마다 유일회적인 특성을 선사받았다. 그리고 그 깊은 사색 역시 하느님께서 우리에게 내어 주길 원하셨던 선물이다. 만일 그리스도께서 "하늘의 너희 아버지께서 완전하신 것처럼 너희도 완전한 사람이 되어야 한다."(마태 5,48)라고 말씀하셨다면, 그처럼 하느님의 모범을 따를 가능성은 당신이 지으신 세상의 날들에 부여된 완전성에도 근거한다고 하겠다. 그렇게 세상의 날들은 하느님께서 보시기에 **참 좋게** 만들어졌으니, 일찍이 당신의 사랑을 통해 신적神的으로 가득 채워지는 (은총의) 날들로 진보할 수 있다.

그러나 창조된 날들에 내재하는 완전성의 의미만이 하느님께서 그 날들을 조금도 망설임 없이 어루만지셨음을 보여 주는 것이 아니라 창조된 것들의 삶이 점점 더 당신의 사랑 안으로 침잠하여 영원한 삶을 준비하도록 선처하신 것 또한 그것을 시사한다. 첫 번째 계획에 이미 성자께서 사람들을 위해 애쓰시게 될 일종의 서막序幕이 목격되는데, 그것은 성자께서 사람으로 태어나시는 순간 우리가 경험하는 날들을 그분의 것으로 삼으신 것을 뜻한다. 그렇게 성자께서 영원한 삶으로부터 이 세상의 사라지는 시간으로 넘어오시는 강생의 순간을 우리는 두 눈으로 목격할 수 있게 되었다.

하느님께서는 계속해서 창조하실 때 이 **날들**을 활용하신다. 그분은 날을 따라 풀과 나무들과 온갖 짐승들 그리고 마침내 사람들을 지어 내셨다. 모든 피조물이 그것들을 지으시는 하느님의 손에 의해 제 모습을 갖추고 세상에 나왔으며, 당신께서 친히 그 모든 것을 보시고 '참 좋다'고 하셨기에, 그 모든 것의 완전함을 당신이 몸소 입증하신 셈이다. 그러므로 하느님께서 뜻하신 바는 두 겹으로 헤아려진다고 보는데, 하나는 만드는 이의 의중意中이요, 다른 하나는 만들어진 것에 대한 판단(혹은 심판)을 가리킨다. 하느님께서는 이 두 가지 형식을 우리 사람들과도 나누신다. 왜냐하면 이 두 가지는 하느님의 본질에서 나왔기 때문이다. [다시 말해] 창조주로서 하느님께서는 오로지 **좋은 것**만을 지어 내기로 마음먹었으니, **좋은 것**에서 아예 벗어난 창조는 있을 수 없고, 그것만을 당신의 의중과 판단 안에 두실 것이라는 말이다. 우리는 이를 가리켜 그분과 나누는 사랑의 관계라 일컫는다.

그렇듯 좋은 것으로 만들어진 온갖 사물들을 하느님께서는 사람에게 선사하셨다. 그러나 하느님께서는 사물들을 앞세워 사람에게 말씀하시지 않는다. 오히려 당신의 첫 번째 말씀은 사람을 위한 것이었다. 성자께서는 당신의 아버지 곁에 항상 머물러 계시는 말씀이란 사실을 우리가 깨달을 때 성부께서 그처럼 말씀하시는 순간 이미 성자와 사람이 서로 맺게 되는 관계를 의도하셨음을 이해하게 된다. 요한 복음사가를 통해 우리 신앙인들은 이미 《창세기》의 가르침 안에 성부께서 우리에게 내어 주려고 하신 선물이 들어 있음을 경험하게 된다. 그 선물은 성자를 통한 세상과의 약속, 언젠가 우리들 가운데 하나가 되시기로 한 약속이다. 그렇게 우리는 모두 성부의 손에서 나와 성자의 영에 맡겨지게 되었음을 이해할 필요가 있다. 그러나 죄로 물든 우리의 삶은 성부께서 원치 않으신 길을 걷다가 끝끝내 성자께서 우리를 위해 그 죗값을 대신 치르시는 비극적이면서 우리가 자초한 막장극과도 같다. 우리가 성부와 성자와 성령에 대한 믿음을 저버리고 순종하지 않은 역사는 하느님의 자비 덕분에 창조주와 구세주의 사랑 사이에 일어난 에피소드(일화)처럼 작은 사건으로 기억될 것이다. 그래서 우리는 아예 처음부터 하느님에 대해 언급할 때, 그분의 자비는 우리의 실존과 우리가 살아가는 동안 상상할 수 있는 그 모든 것을 능가하기에, 그만큼 창조된 이 세상에 그러한 자비가 참으로 필요한 선물이라고 말할 수 있다.

일곱 번째 날에 취하시는 안식은 성부께서 성자와 성령과 함께 취하시는 안식이다. 성자께서는 공생활 동안 성부의 직관直觀을 지니셨던 것처럼, 그렇게 성부께서도 세상을 창조하시고 또 쉬시는 동안 성자와 성령의 현존과도 함께하신다. 하느님의 삼위일체적인 모습은 세상의 창조 활동으로 인해 바뀌거나 중단되지 않는다. 사람을 향해 마련된 말씀을 통하여 그리고 사람을 판정하는 심판을 통하여 성부께서는 이미 성자와 성령께서 사람에게 얼마나 가까이 머물러 계시는지 또 그 두 분이 성부의 작품에 얼마나 깊이 관여하시는지 보여 주신다. 그러므로 성자의 강생과 성령의 강림이 이미 가시적으로 창조된 이 세상 안에 비가시적인 방식으로 배태되어 있음을 알 수 있다. 그와 같이 세상 창조는 한 분이신 하느님, 곧 삼위일체이신 하느님의 작품이요, 거기에는 성부께서 애초에 시작하시면서 당신의 과업으로 남겨 두신 것이 있는데, 그 과업을 실행하시는 동안에는 우리가 당분간 한눈에 모든 것을 알아볼 수는 없다. 이 같은 (삼위일체) 하느님의 공동체성은 성자께서 거룩한 이들의 통공을 고백하는 교회를 세우실 때 모범으로 삼으셨다. 성자께서는 교회를 하느님이 머무시는 집(성전)으로 택하시어 그 안에 성부와 성령을 초대하시고 거기서 성령을 보내시는데, 성령께서는 언제나 그러하듯이 성부와 성자와 영원히 함께하신다.

하느님께서는 세 겹의 차원에서 첫 사람(아담)과 관계를 맺으셨으니, 첫째는 사람에게 창조주로서, 둘째는 사람의 아버지로서 당신을 드러내셨고, 셋째는 사람을 당신의 모상으로 만드셨다는 사실이다. 창조주로서 하느님께서는 강력한 권능을 행사하시는 분이지만, 그 권능은 행사하실수록 조금씩 줄어드는 것이 아니거니와 [사람들이] 당신을 선하신 분이라고 판단할 온갖 다양한 기준에 부합하는 데에 어색하거나 어긋나지 않도록 도와주는 권능이다. 그리하여 이미 한처음 지으신 작품이 당신께서 더없이 위대하시다는 사실을 알 수 있게끔 하였고, 그렇게 사람이 상대하는 첫 번째 '너Du'로서 창조주께서 등장하신다. 하느님께서는 그렇듯 사람을 각별히 살피시며 그의 아버지로 자처하시면서 무엇보다도 당신 자신과 사람 사이에, 곧 지고하신 분과 미천하기 짝이 없는 사람 사이에, 권능을 행사하시는 분과 아예 보잘것없는 사람 사이에 근본적으로 뗄 수 없는 관계를 허락하셨다. 이 관계는 그 안에 모방성이 내포되어 있어서 사람은 그것을 인지해 낸다. [달리 말하자면] 사람은 자신 안에서 창조주의 모습과 아버지의 모습을 구체적으로 경험하는 방식으로 자각한다. 그처럼 사람은 [하느님 앞에서] 아버지에 대한 생각을 구체적으로 갖게 된다. 하느님께서 만일 사람을 창조된 만물의 주인으로 삼으신다면, 그분은 기꺼이 사람을 당신의 신비로운 부성父性 안으로 받아들이시고 당신만이 누리시는 그 권능의 일부를 나눠 갖도록 선처하실 것이다. 그리하여 성부께서 스스로 택하신 '너(파트너)', 곧 사람과 함께 [구원을] 착수하셨던 것처럼, 사람이 창조된 만물과 함께 착수하도록 하실 것이다. 그분은 사람을 당신 자신을 위해 만드신 것처럼 만물을 사람을 위해 창조하셨다.

그러나 하느님의 모상인 사람은 그의 무한한 원형에 비해 가망 없는 유한한 존재가 아니며 유한한 본질의 사슬 끝자락에서 헤매다 마는 보잘것없는 유한자가 아니다. 그래서 설령 사람이 죄를 지어 하늘에 계신 그 원형과 작별을 고하더라도, 하느님의 아드님께서는 그 사슬의 끝자락을 하늘로 들어올리실 것이다. 왜냐하면 성자께서는 하느님이시면서 동시에 사람이시기 때문이요, 이 지상에서 성부와 닮은 모습을, 성자께서 영원히 함께하시는 하늘에 계신 아버지의 모습을 우리에게 전혀 손색없이 완전하게 보여 주시기 때문이다. 만일 사람이 죄로 말미암아 자신이 지닌 모상으로서의 모습을 흐리게 하며 계속해서 하느님과 멀어지게 된다면, 성자께서는 성부와의 완전한 친교와 동일한 본질을 가지고 성부께서 사람에게 애초에 허락하신 그 위치에 걸맞은 모습을 회복시키려 애쓰실 것이다. 사람이 되심으로써 성자께서는 성부를 우리에게 [몸소] 알려 주셨으니, 그분이 참하느님이심을 알려 주셨다. 우리의 수준 이상으로 고상하게 알려 주시는 것이 아니라 성자께서 우리와 함께 몸소 사시면서 또 성체성사를 통해 우리와 함께 머무르시고 동시에 그렇듯이 하늘에 계신 성부 곁에 영원히 머무르시며 [성령을 통해] 친교를 나누신다는 사실을 알려 주신다. 성자께서는 [우리에게 몸소 보여 주시는] 모범을 통해 단 한 번으로 영원히 원형이신 성부께 합당한 자리에 서도록 이끄셨을 뿐만 아니라 그렇듯 성부께 되돌아가신 후에도 변함없이 우리가 저 원형을 향해 꾸준히 살아가도록 우리의 사기를 진작시키는 생생한 누룩처럼 우리 곁에 머무르신다. 모름지기 성자께서는 하늘로 되돌아가시면서 창조된 이 세상을 어느 정도 갈무리하셨다고 본다. 왜냐하면 그분은 지상에서 살아가는 완전한 사람의 모습을 성부께 보여 드렸기 때문이다. 하지만 성자께서는 그와 동시에 자신의 형제들, 그러니까 성부의 자녀들 곁에도 머무르시니, 그로써 항상 저들을 돌보실 뿐만 아니라 저들 가운데 성부께 자신에게 속한 이들을 증언해 주실 것이다. 그러므로 사람은 억지로라도 하느님과 등지게 하는 온갖 죄악과 멀찍이 거리를 두고자 마음 써야 할 것이요, 이를 위해 사람은 본래 주어진 모습, 그러니까 대체로 자신의 의지와 능력을 거슬러 처음의 모습을 간직하도록 자각해야 할 것이다. 그러한 모습은 성자 곁에서 바치는 희생과 최소한 성자를 거스르지 않는 마음으로 성자를 통해 온전하게 가다듬을 수 있다. 성자께서 그와 같은 능력을 발휘하신다면, 그분이 성부와 함께 세상 만물을 창조하셨으며 창조적인 존재의 속성이 본래부터 성자의 속성에서 비롯하기에, 그분은 처음부터 인지하고 또 주재하시는 어떤 영역 안으로 당신 마음에 드는 사람을 데리고 들어가실 것이라는 점이 분명하다. 첫째 아담에게선 성부 안에 가려져 계셨지만, 자신이 둘째 아담으로서 마땅히 세상에 드러나야 한다는 사실을 성자께서는 알고 계셨으니, 그 때문에 성부 안에 자신이 가려진 채로 머물러 계신 것조차 이미 그분의 강생의 신비에 속한다고 말할 수 있다. 성부께서는 다만 하늘에 계시는 것처럼 비쳐질 수 있기 때문에, 그리고 아무도 성부를 성자처럼 뵙지 못하였기 때문에, 성자께서(만) 성부를 계시하시고 보여 주실 수 있었으니, 그로써 사람은 성자 곁에서 목격하는 신적인 속성을 통하여 새롭게 성부의 신적인 속성에 주목할 수 있다. 이때 물론 [우리도 구체적으로 경험할 수 있듯이] 아버지와 아들 사이에 고유하게 주고받는 그와 같은 중재 방식을 떠나서 그저 상상으로 이해하는 척하지 않는 관점에서 말이다. 왜냐하면 성자께서 우리의 **문**이자 **길**이 되고자 하셨으니, 오직 그분을 통하여 성부께 개방된 시야가 환히 펼쳐질 것이기 때문이다.

2장

인간적인 유한성의 극복

일곱째 날에 하느님께서 안식을 취하셨다 함은 창조를 마치신 후 홀가분하게 세상을 떠나 하늘로 되돌아가시듯 손을 떼신 것이 아님을 뜻한다. 수數와 유한성의 문제는 그 자체로 해소되지 않고 무한함, 곧 영원성의 영역 안에서 비로소 해소된다. "세상 창조 때부터 준비된 나라"(마태 25,34)도 그렇듯 처음부터 하느님의 사랑 없이 세상이 만들어지지 않았음을 시사한다. 설령 죄를 지어 죽음을 맞더라도, 죽음 또한 죄의 처벌인 동시에 자비다. 소극적으로 말하자면, 죽음으로써 죄의 상태가 멈춰지기 때문이다. 그러나 적극적인 의미에서 자비를 누리기 위해서는 각자의 죽음 앞에서 성자의 대속적인 죽음을 내다볼 수 있어야 한다. 그럴 수 있는 근거는 성자께서도 죽음 앞에서 하느님 아버지의 무한한 사랑을 알아보셨다는 사실에 있다.

그래서 우리는 그분이 말씀하셨던 것들과 일으키신 기적에만 머물러야 한다. 그래야만 그분의 죽음과 부활을 통해 개시된 하느님의 은총 및 무한한 사랑을 제대로 경험할 수 있다. 신앙인은 모두 그리스도의 추종자로 살아야 한다. 이때 그분에 대한 추종은 단지 그분 곁을 지키는 것이 아니라 직접 그분의 삶을 사는 것이다. 성부께 대한 철저한 성자의 신뢰는 비록 자신은 한 치 앞을 내다볼 수 없더라도 오롯이 성부의 뜻을 따르겠다고 기도하시는 모습에서 확연히 드러난다. 우리가 계획을 세울 수 없는 미래는 이제 기도에 의해 채워지며, 그것이 하느님의 영원한 생명에 참여하는 방식이 된다. 그리하여 믿지 않는 이들이 운명이나 우연이라 여기는 것들이 신앙인에게는 하느님의 섭리에 속하고, 처음부터 창조하시고 그 완성까지 내다보신 당신의 사랑은 단절도 변함도 없이 계속 이어지기에 우리의 유한성이 넘을 수 없는 벽이 아니다.

하느님께서는 세상 창조를 통해 당신의 영원성 한복판에다 수數를 가지고 셈하는 차원의 활동에 착수하셨다. 이미 여러 개의 낮과 밤이 나뉘어졌고 그로써 시간들은 흘러가는 수

순을 따르게 되었다. 세상 창조는 여섯째 날에 완전히 마무리되었지만, 일곱째 날에 안식을 취하셨음은 하느님께서 작업을 마친 것이 결코 관계의 단절을, 그러니까 이제 홀가분하게 [세상을 떠나] 하늘로 되돌아가셨음을, 특히 손수 지으신 사람에게서 손을 떼셨음을 뜻하는 것이 아님을 가리킨다. 수와 유한성의 문제는 그 자체로 완전히 해소되지 않고, 오히려 무한한 존재의 차원, 그러니까 영원한 삶의 영역 안에서 비로소 해소된다. 그래서 만일 우리가 성부께서는 영원으로부터 성자와 성령과 함께하신다고 고백한다면, 우리는 곧 성부께서 사랑의 하느님이심을 또한 경험하게 될 것이니, 그것은 성부께서 당신과 똑같은 모습으로 성자를 낳으시고 성령을 보내시면서 성자와 성령에게 당신 자신에게 속하는 영원성과 무한성을 똑같이 누리게 하시어 두 분으로부터 똑같은 영원성과 무한성을 되돌려 받으시기 때문이다. 그러므로 사랑은 한계를 모른다. 사랑은 그렇게 영원하신 하느님에게서 나와 다시 영원하신 하느님에게로 되돌아간다. 그러나 설령 하느님께서 사람을 상대로 사랑하신다고 하더라도, 그분은 그 사랑을 위해 결코 그와 다른 새로운 사랑의 특성을 고려하신다고 보진 않는다. 최후 심판 때에 "내 아버지께 복을 받은 이들아, 와서, 세상 창조 때부터 너희를 위하여 준비된 나라를 차지하여라."(마태 25,34) 하고 내린 선고는 피조물이 당신의 눈에 든다는, 곧 당신의 영원한 사랑에 걸맞게 응답했다는 것을 뜻한다. 그것은 하느님께서 세상 창조 때 만드신 (좋은) 피조물로서 마지막까지 죄악에 물들지 않았음을 시사한다.

사람이 죄를 지어 하느님의 사랑에 부응하지 못할 때 하느님께서는 맞갖은 처벌을 내리시겠지만, 동시에 그 처벌과 함께 그러한 당신 사랑의 새로운 증인으로서 일찍이 본래적인 의미에서 유한한 것들이 경험할 수밖에 없는 **죽음**이 뒤따른다. 죄를 선택한 피조물에게 하느님께서는 죽음으로 종지부를 찍으신다. 그로 인해 '죄를 저지르는 존재In-der-Schuld-Sein'의 상태는 무한정 지속되지 않는다. 그렇듯 맞이하게 되는 최후로서 죽음은 처벌인 동시에 자비이며, 그 자체에다 하느님께서 내리시는 심판의 기준을 잊지 않도록 날인捺印한 사건이다. 그리하여 그 심판의 기준은 장차 일어날 성자의 대속적代贖的인 죽음이란 사실을 각자의 죽음을 통해 미리 내다보게 한다. 성자께서 [우리와 똑같이] 사람이 되셨던 것처럼, 만일 사람이 되신 그분이 지상에서의 삶을 끊임없이 지속하셨더라면, 그분의 처지는 완전히 절망적이었을지도 모른다. [왜냐하면] 성자께서는 '단 한 번으로 영원히ein für allemal' 더 이상 되돌릴 수 없는 죄인이 되셨을 터이니 말이다. 그러나 [처벌과 동시에 베풀어지는 자비 덕분에] 하느님께로 되돌릴 수 있는 길이 서로 얽혀 있는 두 가지 방식으로 개진된다. 그 두 가지 방식 가운데 하나는 한시적으로나마 계속 이어지는 생명에 내려지는 은총이고, 다른 하나는 죽음에 내려지는 은총이다. 하느님의 은총은 한편으로 살아 있는 죄인에게 내려질 수 있다. 그래서 죄인이 회개한다면 그의 죄는 하느님의 은총을 통해 종식되고 이후 그의 삶은 은총 안에 들게 되겠지만, 다른 한편으로 하느님께서 모든 사람에게 죽음으로 이 세상에서의 삶을 마감하도록 하셨다는 생각을 떨쳐 버리지 못한다. 죽음은 죄인이 살아가는 동안 하느님의 은총 덕분에 미리 접하게 되는 사건들 가운데 하나처럼 그를 지나쳐 가겠지만, 사람은 정작 죽음을 통해서 사랑의 하느님을 발견하게 될 것이다. 왜냐하면 성자께서는 (유한한) 생명을 종지부 찍는 죽음을 몸소 짊어지셨고, 바로 그 이유로 모든 사멸할 것들을 위해 죽으셨을 뿐만 아니라 죽음 자체를 위해서도 자신을 희생하셨기 때문이다. 성자께서는 죽음을 위해, 죽음과 함께 죽으시기 때문에, 죽음을 통해 완전히 하느님의 은총에 자신을 넘겨주시게 된다. 성자께서는 이미 (이 지상에서) 살아 계시는 동안 그의 실존의 유한성이 하느님의 은총에 부응한다는 사실을 자각하였는데, 그 은총은 비단 그분에게만이 아니라 다른 모든 사람들에게도 이미 주어진 것이다. 그러나 자신의 유한성에 대한 성자의 체험은 그분의 경우 하느님의 무한성에 대한 깨달음으로 이끈다. [다시 말해] 이 지상에서의 죽음에 대한 통찰로써 성자께서는 영원한 것을 일별一瞥할 수 있었다. 그러니까 죽음을 오로지 (죄의) 처벌로서만이 아니라 성부의 은총으로도 알아볼 수 있었다. 성자께서는 순수한 처벌의 특성을 기꺼이 수용하여 몸소 걸머지시고 그로 인해 그분의 형제들을 위한 은총의 특성도 [누구나 알아볼 수 있게끔] 밝혀 주셨다. 그로써 유한성의 목적이 환히 드러났고 충만하게 채워졌다. 그처럼 유한성은, 성자께서 만일 그들을 위해 목숨을 바치심으로써 하늘나라를 보다 더 가까이 알아보게 해 주지 않으셨더라면, 자신들의 삶 속에서 회개의 은총을 전혀 경험하지 못하거나 그에 대한 무지無知의 탓으로 죽어 가거나 혹은 하느님께서 정하신 끝자락에서 도움의 손길이 완전히 끊겨 버린 채 절망하고 말았을 사람들을 위해서도 존재한다. 저들은 이 지상에서 살아가는 동안 하늘나라에 대해 깨닫지 못하는 사람들이다. 저들은 그분의 실존을 [각자가] 죽음을 맞이하는 순간 비로소 알아보게 될 것이다. 저들은 최후의 순간에야 그에 대한 통찰을 얻게 됨으로써 가까스로 거룩한 무리에 들 수 있는 사람들이다. 왜냐하면 지상에서 바라보자면 이미 너무나 늦게 깨달은 경우이기 때문이다. 모든 이를 위한 성자의 희생은 유한성의 한계를 깨부수었고, 그러한 사실을 알려 주는 표징이 바로 죽은 이들 가운데서 다시 살아나신 그분의 부활이다. 또한 이 부활 표징에 그분이 우리에게는 알려지지 않은 지하 세계(지옥과 연옥)에 떨어져 단순히 처벌을 달게 받으신 것이 아니라 사흘 동안 거기에 머무르며 이루신 전혀 새로운 형국도 포함된다. 그러니까 성자께서 자신의 역량을 총동원하여 스스로 죽음으로 나아가셔서는 다시 죽음을 넘어 지하 세계까지 떨어지는 수모에도 자신을 돌보지 않으시고 거기서 보여 주신 변함없는 사랑으로 그분의 구원 행위가 마침내 빛을 발함으로써 거기 머무는 죄인들에게도 그분의 현존을 통해 그동안 기대하지 못했던 전혀 새로운 형국을 맛보도록 배려하신 사실도 부활의 표징에 속한다는 말이다. 만일 성자께서 사람이 되시어 우리와 같은 모습으로 우리와 함께 사셨다면, 과연 우리는 그분의 모습이 어떠했는지 알 수 있다. 그렇지만 이때 우리는 그분이 말씀하셨던 것들에만 머물러야 하며, 또한 그분이 일으키셨던 기적들에만 머물러야 한다. 그래야만 [다른 어느 누구가 아니라] 바로 **그분**의 죽음과 부활을 통해 개시開始된 새로운 형국을 제대로 경험할 수 있다. 왜냐하면 그와 같은 새로운 형국은 우리가 [객관적인] 지성으로는 온전히 파악할 수 있는 것이 아니기 때문이다. 성자께서 개시하신 새로운 형국은 하느님 아버지의 나라요, 성부와 성령과 함께 성자께서 영원히 머무르시는 나라다. 그 나라는 무한한 세계이기 때문에 우리가 살아가는 이 세상을 능가한다. 성자께서는 완전하게 실현하시지만, 인간적인 시각에서는 유한한 행위들로 비쳐지는 그런 것들로써 그때마다 무한성이 드러난다. 사람의 모습으로 성자께서는 그때마다 신적인 능력을 행하신다. 그분의 존재와 행위, 그 모든 것 안에서 그분은 무한한 하늘나라를 꿰뚫어 보는 통찰력을 발휘하신다. 그래서 그분이 틀림없이 발휘하신 통찰력은 우리의 신앙을 강건하게 할 뿐만 아니라 더 나아가 우리의 희망과 사랑이 계속해서 위로 [뜨겁게] 달아오르게 한다. 왜냐하면 성자께서 이 지상에서 선보이신 모습 일체는 하느님의 무한하신 사랑의 결정체로서 단지 성부의 사랑 주변을 맴도는 것이거나 그저 넌지시 암시하는 수준이 아니라 그 사랑과 하나가 되어 이내 온몸을 불사르는 그런 특성을 지니기 때문이다.

무한성에 대한 이 같은 조망은 우리로 하여금 죄를 고백하도록 만든다. 죄를 고백하는 자는 한 가지 방식을 통해 죽음을 거치게 되는데, 그것은 그가 자신의 뉘우침을 통해 하느님께서 죽음으로 정해 놓으신 그 죄악의 끝자락에 어떻게든 도달하는 방식을 가리킨다. 그가 자신의 죄악을 뉘우치고 고백함으로써 그 한계점에, 그러니까 성자께서 마련하신 일종의 마침점Schlußpunkt에 도달하게 된다. 그에게 주어지는 사면 선언은 저 너머에서 온다. 그 선언은 달리 하늘나라로 올라가는 것에 비유될 수 있다. 하느님께서 내리시는 처벌 판결로써 우리가 지은 죄의 해소가 이뤄지는 동시에 우리에게 새로운 삶이 시작되는 것과 같이 죄를 고백하는 사람은 바로 그 순간 하느님께서 새롭게 당신의 사랑으로 자신을 끌어안으시는 것을 체험하게 될 것이다. 죽음과 죄의 고백은 그렇듯 사람에게 삼위일체 하느님의 무한한 사랑이 의심의 여지 없이 펼쳐지는 새로운 경지를 보증한다.

―― *A. v. Speyr* ――

처음 사람이 죄를 저지르고 타락한 직후 하느님께서는 그 죄인을 부르시어 말씀을 나누셨다. 사람의 변절에도 불구하고 영원하신 분이 한낱 사멸하고 말 존재와 대화의 끈을 놓지 않는 전혀 믿기지 않는 일이 벌어진 것이다. 이 대화가 **기도**의 근원이다. 기도하는 이는 누구든 계속해서 하느님을 상대로 대화하는 기회를, 그러니까 인간적인 유한성이 하느님의 무한성의 일부를 공유하며 영원성에서 유래하는 일련의 답변을 들을 기회를 얻는다. 하느님께서는 거기서 성큼 더 나아가셨다. 성자께서 사람이 되심으로써 자신을 믿는 이들을 **추종자**로, 곧 자신과 친밀한 유대를 맺으면서 살아가도록 초대하셨기 때문이다. 그렇게 성자께서는 지상에 머무는 동안에도 이미 성부의 영원한 생명 안에 단단히 뿌리를 둔 자신의 삶을 제자들과 나누셨다. 그러므로 성자께서는 중재자시다. 그리스도에 대한 추종은 제자들에게 단지 그분 곁을 지키는 것이 아니라 자신들이 직접 그분의 삶을 사는 것이다. 그러므로 추종자의 삶은 구약 성경이 전하는 경우처럼 더 이상 의인들의 삶, 곧 늘 세상에는 가려져 있어서 알아볼 수 없는 하느님을 잊지는 않지만, 여전히 [하느님과 사람 사이의] 간격을 좁히지 못한 채 살아가는 그런 예언자들의 삶이 아니다. 그와는 달리 이제는 성자와 함께 [성자께서 그러셨던 것처럼] 성부의 영원한 생명에 단단히 뿌리를 내리고 살아야 한다. 성자께서는 지상에서의 공생활 중에 유한성과 무한성이 서로 만나는 지점을 구체화하셨다. 성부의 영원한 생명을 온전히 나누는 성자께서는 추종의 형식을 빌려 그와 같은 나눔의 기회를 사람에게 선사하신다. 제자들은 그 형식을 따라 성자의 말씀으로 살아간다. 그들은 성자께서 자신들에게 하신 말씀뿐만 아니라 삼위일체 하느님의 신비와 관련된 사항도 직접 체험하게 된다. 이 같은 체험은 그리스도가 강생하기 이전의 세상(구약 시대)에서 기도라 일컫던 일련의 행위보다 훨씬 더 의미심장한 것이다. 그러니까 과거에는 지상에서 벌어지는 일상에 대해선 조금도 미련을 두지 않는 행위로써 신앙인은 하늘에 계신 하느님의 나라에 들어가기 위해 부단히 힘썼었다. 그러나 이제 추종은 하느님을 평생 반려자처럼 여기면서 (지상에서) 살아가는 것을 중단하지 않고 계속 그 안에 머무르듯 살아가면서도 언제든 하느님과 대화하는 삶을 가리킨다. 이 추종으로 인해 마침내 형식적으로 바치던 기도문이 새롭게 변하게 되는데, 무엇보다도 그것은 기도가 이제 관상 기도로 바뀌고 단연코 '예'라는 응답으로 거의 대부분이 채워진다는 것이다. 그렇듯 추종자로 초대받은 사람은 하느님께 열린 마음으로 '예'라고 응답함으로써 이 지상에서부터 이미 저 무한성 곁에 자신의 자리를 선점하게 된다. 그 응답과 함께 이제 그의 관심사들, 곧 그를 사로잡는 모든 것들은 하느님의 계획(섭리, **攝理**)과 매우 밀접한 관계에 놓이게 된다. 그래서 그것을 위해 온통 열과 성을 다하게 되니, 그는 그처럼 하느님의 의중에 부합하기 위해 자신의 전 생애를 바치며 성부의 뜻을 따르는 데에 전혀 흔들림이 없다. 그리고 그가 혹여 그 뜻을 완전하게 따르지 못하더라도, 예컨대 너무나 인간적인 요소가 그를 억누르며 방해할 경우라도, 성자께서 자신의 불충분한 부분을 당신의 이름으로 용납하시고 마저 채우심으로써 끝끝내 성부의 뜻에 부합하게 될 것이라 확신한다. 사람이 어떤 계획으로 지금 살아갈 때 그 계획이 영원한 섭리에 따른 것이라고 말한다면, 그것은 그 사람의 영이 곧 하느님의 영을 좇아 살아감을 의미하며, 따라서 성령께서 그 사람을 성자와 결합시키기 위해 다시금 몸소 중재자로 자처하신다고 말할 수 있다. 성자께서 이 지상에 머무르셨던 동안 사람은 그분이 일으키신 기적과 그분이 하신 말씀, 그분이 행하신 모든 것을 직접 눈으로 보았다. 그러나 만일 성자께서 성령을 파견하지 않으셨다면, 과연 어떤 신앙인이 성자께서 직접 보이신 일부 유한한 모습 앞에서 그처럼 용이하게 믿을 수 있었을지, 또 신앙을 얻고

유지하기 위한 (인간적인) 노력의 한계나 신앙인으로 살아가는 데에 피할 수 없는 한계 앞에서 어떻게 믿음을 끝까지 지켜낼 수 있었을지 의문이 든다. 하지만 성자께서 영원한 생명의 나라에서 사람들의 삶 속으로 성령을 보내신 까닭에, 단지 그 이름을 따라 선명하게 주어지는 **성령**의 답변으로만 그 (신앙의) 짐을 더는 것이 아니라 이미 (사람들의 삶 속에서) 믿음 자체가 선사하는 놀라운 힘으로 그리고 영원으로부터 주어지는 나머지 다른 모든 선물로써도 하느님에 대한 신앙을 간직할 수 있다. 그와 같이 믿음을 간직한 사람은 장차 틀림없이 성부의 무한성을 얻어 누리게 될 것이다. 그러나 그러한 지향을 담은 모든 기도, 그러니까 하느님의 무한성에 들기 위하여 사람들이 바치는 모든 기도문은 유한성을 기반으로 이루어진다. 그래서 사람이 제 영혼을 통해 하느님과 만나는 횟수를 셈하기로 치자면, 그것은 단순히 입으로 바치는 기도의 횟수가 아니라 매번 기도할 때마다 하느님께서 자신의 죄를 뉘우치는 사람의 고백을 통해 어떤 작용을 일으키신다는 사실에 의미가 있듯이, 사람이 설령 기도 중에 (입으로는) 언급하지 않을지라도 그렇듯 뉘우치며 기도하는 이는 온통 영원한 생명의 기운 안으로 들어 올려질 것이다. 이때 성자께서 사람에게 주신 사랑의 계명이 기도의 저 기운 안으로 사람을 들어 올리는 데에 무엇보다도 크게 작용할 것이다. 왜냐하면 기도하는 이 자신에게 일련의 중재 행위가 반드시 필요하다고 보는데, 이 중재 행위는 바로 성자께서 몸소 실천하시고 명하신 (희생적인) 사랑에 해당하는 것으로 다른 누구보다도 (구세주이신) 성자의 중재 행위여야 하기 때문이다.

—— *A. v. Speyr* ——

하느님께서 계획을 세우신다면, 처음부터 당신의 전지하심을 발휘하여 영원에서 영원까지 관통하는 안목을 가지고 세우실 것이다. 하느님께서 세우신 계획이 착수에서 완료까지 진행되는 장소는 영원성 내부다. 사람은 [상대적으로] 짧은 기한 내에 완성할 수 있도록 계획을 수립한다. 그래서 최선의 경우가 비신앙인에게서 목격되는데, 비신앙인은 지상에 머물러 있는 기간을 토대로 실속 있게 계획한다. 그래서 그는 지금까지 행했고 또 이뤄 놓은 것이 무엇인지 숙고하여 사람이 할 수 있는 가능성의 한계를 넘지 않는 선에서 목표를 정하고 그에 도달할 때까지 헤쳐 나갈 수 있는 계획을 세우곤 한다. 그런데 사람은 자신의 이성을 사용하는 한해서 대개 소위 운명의 장난이라고도 일컫는 그런 우연적인 것들 앞에선 자신이 대담하지 못하다는 사실을 알고 있다. 그럼에도 사람은 **최선의 경우**라 여기는 어떤 계획을 세울 수 있으며, 만일 그가 충분히 오래 살고 또 자신의 미래를 스스로 기획하고 결정하는 데에 별 어려움이 없다면, 그러한 계획이 실현되어 가는 과정 하나하나를 지켜볼 수 있을 것이다. 그에 반해 **믿으려 하는 사람**은 "하느님의 뜻이라면" 하는 일종의 괄호 치기(전제 조건)를 내걸어서만 계획을 수립하게 된다. 그러나 마침내 그의 전 생애를 하느님께 봉헌하는 신앙인은 유한한 존재이면서도 오로지 하느님의 섭리 안에서만 계획을 세운다. 그에게는 괄호 치기가 무의미하며, 그의 개인적인 사정이 제약으로 작용하지 않는다. 오히려 그 때문에 어디를 가든 하느님을 뒤따를 수 있으며 거기서 하느님께서 그에게 요구하시는 것을 주저 없이 행한다. 비록 그가 그 요구에 대해 외적으로 최소한의 보증조차 받지 못할지라도, 그는 매번 계획된 것이 이루어짐을 인격적으로 체험한다. 그는 자신이 행하지만 그것이 자신이 시작한 일이 아니라 하느님께서 시작하신 것임을 이내 알아차린다. 만일 그가 어떤 종교 단체(공동체)에 속한다면, 그는 그 단체의 전통을 따라야 한다는 점을 알고 있다. 그래서 그에게 주어지는 어떤 뚜렷한 과제, 예컨대 지정한 책을 필사하거나 또 하나의 분신과 같은 공동체를 신설하는 등의 과제를 수행할 수 있다. 그러나 그런 사업의 계획은 그렇듯 오롯이 하느님의 손에 달려 있어서 그의 형제들 가운데 누구든지 동일한 영적인 지향을 가진 자가 그 사업을 계속 이어서 수행할 수 있다. 그러한 신앙인의 삶은 하느님께서 마치 그 구성(설계 도면)을 미리 알려 주신 하나의 기도문처럼 진행된다. 그리하여 신앙과 사랑이 인간적인 계획을 대신하게 된다. 물론 그렇다고 이것이 그가 스스로 생각하거나 앞질러 살피는 행위를 접는 것을 의미하지 않는다. 오히려 그는 하느님께서 [부족하기 짝이 없는] 자신의 삶을 용납하셨고, 당신께 드리는 [결함 많은] 자신의 선물에 대해서도 이미 눈감아 주셨음을 안다. 하느님께서는 그런 의미에서 사람에게 그의 존재를 허락하신 것이다.

구약의 예언자들은 **믿으려 하는 사람**이 시도하는 계획 수립의 가장 좋은 본보기 가운데 하나다. 그들의 삶은 계속해서 하느님에 의해 눈에 띄게 조정될 뿐만 아니라 두드러지게 이리저리 흔들린다. 예언자 엘리야와 엘리사가 나름 저마다 살아갈 계획을 완벽하게 수립했다 하더라도, 그 계획은 시간이 갈수록 하느님의 손에 의해 무너질 수밖에 없었을 것이다. [그에 반해] 자신을 송두리째 하느님께 봉헌하고 삶의 의미를 위해 추종자로 나선 신약의 신앙인은 "그 날과 그 시간은 아무도 모른다."(마태 24,36)고 말씀하신 성자를 오롯이 따르겠다고 고백하며 자신의 삶을 계획한다. 그러나 사실 성자의 이 말씀은 봉헌하는 신앙인이 스스로 계획을 세울 수 없음을 시사한다. 계획을 세울 수 없음과 기도 사이에 이제 그 연결 고리가 뚜렷하게 드러난다. 그러니까 무계획은 기도에 의해 채워진다. 신앙 안에서 무계획은 기도라는 값진 보석과 뗄 수 없는 관계를 맺는다. 그것은 하느님을 위해서 일상 안에 주어진 것들에 애착을 갖고 애지중지하는 일을 삼가는 것을 포함한다. 그래서 그 자체로는 아무것도 형식적으로 정해진 것도 조건 지워진 바도 없고, 하느님으로부터 어떤 정해진 완성을 요구받지도 않으면서 다만 그분에 의해서 그분의 마음에 드는 까닭에 기꺼이 수락되고 채워질 수 있다는 신념으로 기도하며 살아가는 것이다. 그런 의미에서 무계획과 기도는 또 달리 하느님의 영원한 생명에 참여하는 방식이다.

만일 교회 인가를 받은 수도회 안에 그때마다 거기에 몸담고 살아가는 구성원들이 앞선 세대들이 정해 놓은 정신 및 목표를 물려받아 그것을 이루고자 계속해서 헌신한다면, 이는 그 수도회의 연속성을 대변하는 것으로서 보통 일반적인 가족이나 가문의 연속성보다 훨씬 더 강력한 연속성을 보여 줄 것이다. 왜냐하면 보통 가정에서 아버지도 제 아이가 아직 어렸을 때에는 분명 아이를 통제할 수 있겠지만, 그 아이가 어느 정도 성장하면 자신이 원하는 의지를 따라서 행동하려 들 것이기 때문이다. 대부분 하나의 가업을 일으켜 세우고 번영시킨 사람들은 제 손주들도 그것을 계속 이어 나가기를 기대하지만, 적지 않게 그러한 연속성은 그 전에 혹은 이미 자녀 세대에서 자녀가 새로운 권리를 앞세우는 중에 깨어지고 만다. 하지만 [신앙 공동체 안에서는] 그런 새로운 권리가 항상 하느님 편에서 요구되는 것으로 본다면, 그 연속성이 보장된다고 하겠다. 영원하신 하느님께서는 처음 세우신 당신의 계획을 결코 폐기하지 않으실 것이요, 당신과 당신이 손수 지으신 이 세상이 [변함없이] 서로 결속되어 있는 한, 사람의 손으로는 결코 그 계획을 파기할 수 없기 때문이다. 비신앙인이 우연 혹은 운명이라고 여기는 것이 신앙인에게는 하느님의 섭리에 속한다. 그래서 사람은 그것을 [임의로] 비틀어 다르게 할 수도 없거니와 그것에다 어떤 제지나 제약적인 조건을 새로이 첨가할 수도 없다. 자연 세계 안에서는 연속성이란 것이 매번 거듭해서 단절될 수도 있지만, 초자연적인 세계 안에서는 그렇지 않다. 만일 우리의 오성悟性이 자연 세계 안에서 그때마다 연속성을 재차 발굴하여 앞에 내세운다고 하더라도, 그 연속성은 언제든 깨어지고 만다. [하지만] 초자연적인 세계 안에서는 하느님의 계획이 항상 완전한 형태로 거기에 현존하기에 어떤 방식으로도 단절될 리 없다.

3장

영원한 시간과
지나가는 시간

유한한 존재인 인간이 무한하신 하느님을 합리적으로 추정할 수 있는 방식 가운데 하나가 '시간'이다. 시간은 우리에게 꾸준히 지나가 버림을 경험케 하는 영역이다. 창조된 것들 가운데 아예 영속적인 것, 불변하는 것은 없다. 반면 그렇듯 영원한 것은 하느님께 속한다. 그러므로 우리의 유한성의 극복은 시간에서 벗어나 영원에 도달하는 것을 뜻하기도 한다. 인간이 죄를 저지르면서 더 이상 영원한 낙원에 머무르지 못하고 시간이란 영역에 떨어졌다. 죄의 처벌인 죽음은 그렇듯 앞서 모든 것이 허망하게 지나가 버리게 만든다. 반면 영원에는 결코 죄가 들어설 자리가 없다. 그럼에도 시간과 영원은 서로 연결되어 있다. 이는 우리에게 하나의 선물이다. 하느님께서 당신 말씀으로 세상을 창조하시고 그 말씀을 사람이 되게 하심으로써 시간을 차용하신 까닭이다. 그래서 소위 성인들이 그랬듯이 이 시간 속에서 하느님의 사랑, 성자에 대한 기억, 성령의 부르심, 하느님 나라에 대한 꾸준한 허기짐을 가질 수 있고 또 가져야 한다. 이에 우리에게는 거룩한 미사를 통해 영하는 성체가 있다. 주님께서 몸소 빵과 포도주가 되어 우리의 허기짐을 계속해서 채워 주신다면, 주님과 함께 영원한 몸으로 살아 숨 쉬는 삶을 기대할 수 있을 것이다. 그에 반해 그 어떤 기대도 하지 않으며 기대할 것도 없다고 자신하는 사람은 진짜 비신앙인일지 모른다. 왜냐하면 그는 '오늘'만이 그에게 완전한 것으로서 충분하다고 생각함으로써 더 이상 영원을 고려하지 않을 것이기 때문이다. 그에 반해 생각이 있는 사람은 시간이 갈수록 매번 반복해서 직관적인 통찰이 다른 것으로 계속 이어지고 보충되고 전조를 띠고 나타날 수 있기 때문에, 자신을 짓누르는 줄기찬 물음과 함께 그때마다 파편처럼 그에게 밀려드는 직관적인 통찰을 모른 척할 수 없을 것이다. 그렇게 지나가 버리는 것은 결국 이러한 노정을 알려 주는 이 정표와도 같다 하겠다.

하느님께서는 **영원한 시간**에 당신의 무한한 크기를 허용하

셨다. 영원성 안에 존재하는 하느님의 크기(위대하심)를 그 어떤 인간적인 크기로 한정시키는 일은 신앙인에게 불가능하다. 그 때문에 그는 하느님을 우회하는 방식으로만 가능할 수 있다. 달리 말해 그는 자신 안에 깊숙이 새겨진 하느님 모상의 특성을 앞서 고려함으로써 영원한 시간에 해당하는 비가시적인 영역을 한순간 보류시켜 놓을 수 있다는 말이다. 하지만 그럴 수 있다 하더라도 그는 이내 영원한 시간과 자신을 서로 연관시켜 고려해야 한다. 그 영원한 시간은 하느님께서 머무르시는 시간이기 때문이다.

또한 하느님께 속하는 모든 것은 그가 [하느님을 찾는] 신앙인으로서 노력하는 활동을 결코 중단시키지 않는다. 그런 이유에서라도 그는 영원한 시간이란 것에 관심을 기울이며 생각해야 한다. 더욱이 그는 [나중에] 자신의 몫으로 나눠 받길 원하는 일종의 기간 형식으로도 영원성을 고려해야 하기 때문이다. 그는 자신의 **지나가는 시간**에서 벗어나 하느님의 영원한 시간에 도달하도록 힘써야 한다. 이는 하나의 선물이다. 그 선물은 성자의 지나가 버림을 함의하는 시간에서, 곧 그분이 자신의 강생을 위해 우리의 것을 차용했던 그 시간에서 비롯한다. 그로써 이 [지나가는 시간과 영원한 시간 사이의] 관계는 단단하게 결합된 형태를 보여 준다. 그렇다! 그 둘의 관계는 이미 일찌감치 근본적으로 단단히 결합된 관계다. 곧 영원하신 하느님께서 지나가는 시간을 만드신 바로 그 순간부터 말이다. 우리는 오직 그렇듯 지나가는 시간 안에서 죄를 저질렀고 영원한 시간, 곧 [더 정확하게는] 영원성에는 결코 죄가 들어설 자리가 없음을 알고 있다. 우리가 저지른 죄악을 통해 우리는 지나가는 시간을 죽음과 마주하는 시간으로 만들어 버렸고, 그렇게 죽음 없이는 그 어떤 지나가 버림에 대해서도 상상하는 일이 더 이상 가능하지 않도록 만들어 버렸다. 만일 우리가 지금 이 시대에 이 지나가 버림과는 상반된, 소위 죄 없이 순결한 모상을 상상하길 원한다면, 우리는 그것을 당장 영원성을 좇아서만 기대할 수 있다. 그러므로 시간과 영원성, 이 둘을 제대로 이해하고자 한다면, 오직 하나가 다른 하나와 맺는 관계를 통해 접근함으로써만 이해할 수 있다.[1]

---

1 철학적으로 가장 먼저 의미심장하게도 플라톤은 '영원'과 '시간'을 원형(paradigma[그리스어 음독])과 모상(eikon[그리스어 음독])의 관계로 설명하는데, 이는 철학사 안에서

만일 우리가 그리스도의 사랑의 계명을 지키면서 특별히 사랑하려는 의도로 어느 한 사람을 선별한다면, 그래서 아마도 이 특별한 사랑을 통해서 하느님께 더 가까이 다가갈 수도 있으리라고 여긴다면, 그렇게 우리가 선별한 그 사람 안에 자리하는 무엇보다도 **선한 것**을 알아내려고 노력할 것이다. 만일 그가 성인聖人이라면, 이 시도는 한결 수월하다. 왜냐하면 그가 우리에게 보여 주는 본보기는 그야말로 순수한 모습일 것이기 때문이다. 그래서 우리가 그를 유심히 관찰하게 되면 그에게서 뿜어 나오는 모습이 우리의 (지나가 버리는) 시간에 비춰 볼 때 낯설다는 것을, 그래서 우리와는 다른 시간, 그러니까 지나가 버리지 않는 시간에 근거를 두고 있음을 깨닫게 될 것이다. 만일 우리가 그와 같은 성인들을 공경한다면, 저들의 모범적인 삶을 우러러보며 저들의 심오한 내적인 직관에 속하는 어떤 것을 재빨리 알아채고자 노력한다면, 그래서 저들이 바치던 기도문으로 기도하고 저들의 행동을 본받으려고 애쓴다면, 우리는 저들의 파견이 일궈 낸 것,

---

신플라톤주의(플로티누스)와 그리스도교 내 교부들(특히 아우구스티노) 및 스콜라 철학(특히 토마스 아퀴나스)에도 커다란 영향을 미쳤다. — 역자 주

그러니까 이 세상에서 저들이 희생하며 내주었던 것이 이 (지나가 버리는) 시간에 속한 것이 아니라 영원에서, 곧 성부 가까이에서 비롯하는 것으로서 삼위의 하느님께서 서로 나누시는 영원한 대화에서 흘러나온 것을 이 세상에 중재하기 위해 저들이 자신들의 삶을 통해 보여 준 것임을 경험하게 될 것이다. 성인들의 모범적인 삶은 성자를 통하여, 그러니까 마침내 그분의 삶과 죽음을 통하여 채우신 완성에 도달하게 될 것이니, 성자께서는 하느님으로서 하느님께 속하는 영원한 것을 이 지상에 가져오셨으며, 그분의 사명은 우리의 죄 때문에 수난을 당하심으로써 우리의 죄를 말끔히 씻어 주시어 하느님 앞에 우리의 영혼이 순결한 상태로 마주 서게 되는 순간, 곧 우리가 이 지나가 버리는 시간에서 벗어나 영원한 시간 안으로 들어가게 되는 순간 완료될 것이다. 그렇게 그분은 자신의 사명을 영원한 능력으로 수행하신다. 그러나 [우리가 영원한 시간 안으로 들어가게 되더라도] 그분만이 홀로 이 같은 능력의 원천이자 터전으로 계속 머무르신다. 설령 우리 스스로 마음을 가라앉혀 조심스럽게 살피고 싶어도, 우리는 항상 성자의 영원한 선물과 결합될 수 없는 여러 가지 장애에 당장 부딪힐지 모른다. 왜냐하면 우리의 여러 가지 결함과 죄악으로 말미암아 지나가 버리는 시간과 사라지지 않는 시간(영원성)이 맺고 있는 관계에 대한 올바른 평가에는 결코 이를 수 없기 때문이다. 성인들의 삶을 자세히 살핌으로써 얻어 낸 올바른 모범이 우리가 가장 수월하게 그 관계를 이해하도록 안내해 줄 수 있다. 성인들이 보여 준 여러 가지 길(방식)들이 사실 공통적이다. 예컨대 하느님에 대한 사랑, 사람이 되신 분(성자)에 대한 기억, 성령의 부르심, 저편의 세계에 대한 꾸준한 동경, 그 어떤 유별난 정보로 인해 주체할 수 없을 정도로 동요하는 허기짐이 아니라 하느님의 현존을 갈구하는 그런 허기짐이 그들에게 공통적으로 목격된다. 그래서 만일 하느님께서 몸소 그들에게 빵과 포도주가 되어 기꺼이 당신 자신을 내어 주심으로써 그런 허기짐을 진정시켜 주신다면, 우리도 참여하는 거룩한 미사는 어떤 세상적인 그리스도의 몸이 아니라 한 분이신 하느님의 몸, 영원에서 나온 몸이요 영원 안에서 살아 숨 쉬는 몸을 그들에게 가져다주는 것이다. 성자께서 성찬례를 세우실 때 그리하셨던 것처럼, 집전 사제가 바치는 성체 변화의 기도가 교회의 포괄적인 지향과 단단히 결합해 있기에, (세상에서 봉헌된) 빵과 포도주가 그리스도의 살과 피가 되게끔 할 수 있고, 따라서 교회는 그리스도께서 분부하신 대로 하늘과 땅을 서로 잇는 다리를 놓을 수 있으며, 우리의 사라져 버릴 육체적인 삶 안에 영원하신 하느님의 은총을 중재할 수 있다. 우리의 몸이 [꾸준히] 믿음과 사랑으로 굳건해진 영혼과 함께 살아가는 한, 그래서 이 지상에서 천상의 것을 받아들이며 우리의 지나가 버리는 속성(무상성, 無常性) 한복판에서도 영원한 것이 살아 숨 쉬도록 우리 자신을 활짝 개방하는 한 말이다.

―― *A. v. Speyr* ――

성사 안에서 하느님께서는 이 지상에 단지 천상적 현존의 일부분만을, 달리 말해 신앙인들에게 일종의 예견, 더 나은 표현으로, 하늘나라의 존속을 위해 그 실재성의 의미만을 가져다주시는 것이 아니라, 거기에 더하여 당연히 그들을 참된 영원성을 향해 들어 올려 주신다. 그분은 그들이 기울이는 노력 전반에 걸쳐 사물 및 사태들을 판정하는 그들의 방식과 그들의 희망에 하나의 새로운 차원을, 곧 당신 자신 안에 내재하는 충만함을 선사하신다. 한편 신앙인들은 그 충만함으로부터 지금 이미 하느님 안에서 자신들의 사라지지 않음(불멸성, 不滅性)과 관련된 무언가를 앞서 느껴야 한다. 이때 하늘과 땅 사이를 왔다 갔다 하는 불안정한 흔들림이 관건이 아니라 이 지상에서 흔들림 없이 하늘나라를 향해 계속 성장해 나가는 것이 관건이다. 하늘나라는 단번에 온통 자신을 허락하듯이 전모를 보여 주진 않는다. 설령 첫 순교 성인인 스테파노가 [한순간] 하늘이 열린 것을 보았다(사도 7,56)고 진술하더라도, 그것은 그가 이 지상에서 실제 벌어지는 사태로부터 하늘나라의 실재 사태로 넘어가는 일련의 과정 없이 한순간 들어 올려졌음을 말하려는 것이 아니다. 오히려 그가 자신의 신앙을 통해서 이미 본질적으로 하늘나라에서 얻게 될 자신의 몫을 차지하였기에 지상에서 앞서 저 천상적인 과제를 의심 없이 수행하며 살아왔음을, 그래서 그 과제를 마무리하는 시점에 분명 순교라는 관문이 서 있지만, 그 자신은 아주 오래전부터 하늘나라에 속하는 본래적인 것과 지상에 속하는 비본래적인 것 사이에서 구별하는 법을 배워 익혀 왔음을 말하려는 것이다. 아마도 그의 순교는 자신이 지상에서 그동안 신앙의 산증인으로서 직접 수행해 온 과제를 마침내 완료하는 것을 의미했겠지만, 당장 그와 같은 과제 수행의 완료가 다른 사람들에게는 끝없이 펼쳐진 하늘나라의 일면을 환히 드러냈다고 할 수 있다. 돌에 맞아 죽임을 당하게 되는 직접적인 사유로서 그가 알려 주는 "하늘의 열림"에 관한 환시는, 그가 증명하듯이 저 하늘나라가 [사람들의 눈으로] 볼 수 있게 되었음을, 영원성에 대한 약속을 하느님께서 끝끝내 이행하셨음을 시사하는 점에서 그의 증언들 가운데 절정을 이루는 것이었다.

그렇게 성사들의 실재성도 신앙인들에게 이중적인 효과를 불러일으킨다. 성사들은 신앙인을 점점 더 영원한 생명 안으로 인도하듯 성장하게 하며, 그에게 세상의 삶에 대한 애착에서 벗어나 하늘나라를 그의 본향으로 삼도록 촉구한다. 다른 한편 성사들은 여전히 이 세상에서 살아가는 신앙인에게 그가 접하는 세상의 사물들에 대해 새로운 의미를 부여한다. 그리하여 그는 그러한 사물들을 취급하는 중에 하찮은 것에서 본질적인 것을 분별하는 힘을 길러 온전히 본질적인 것을 찾아 나섬으로써 세상에 쉽사리 동요되지 않으면서 살아가는 동안 접촉하는 사물들에게도 그것들이 영원한 것에 부분적으로나마 참여할 수 있도록 진심으로 제안한다. 모든 거룩한 성사는 저 두 가지 안목을 따라 신앙인이 영원하신 주님께 다가가도록 중재한다. 그것은 결코 일방적으로 주님께서 사람을 향해 다가오심을 의미하지 않는다. 성사에 거듭 참례할수록 사람은 주님을 이해하고 그분께 순종과 사랑으로 다가갈 수 있는 능력을 점점 더 키워 나가게 된다.

우리는 그리스도인의 입장에서 생각할 수 있다. 만일 이 지상에서 성부께 순종하며 살아가는 그리스도인에게 성부께서 하늘로부터 당신의 길을 밝혀 주신다면, 그리스도인은 사랑으로 그 길을 좇아서 성부께서 요구하시는 것과 그분에게서 나온 것, 그러니까 그분의 실체에 따라 영원한 것이라 일컫는 그것을 위해 사랑으로 행동함으로써 응답할 것이다. 주님을 따르는 사람들에게 이 같은 행동은 그들이 스스로 사랑하는 마음으로 그분께 순종하면서 영원한 것을 향해 마음을 정하고 [이 세상에서 흘러가 버리는] 시간성에서 벗어나 영원한 삶을 위해 자신을 고양시키는 것을 의미한다. 이때 이 지상의 모든 사물들은 재평가된다. 사람이란 존재와 그가 소유하는 것들, 그가 자신에게서 경험한 것들과 사라져 버릴 것 주변에서 경험한 것들, 그가 결국 상실하고 말 것들, 그의 부요해지거나 가난해진 상황 등등 그 모든 것이 하늘나라의 안목에서는 완전히 다른 표징으로 나타난다. 스테파노 성인은 당시 자신의 죽음을 앞두고 슬퍼하며 원망하지 않았다. 그는 단 한 차례도 하소연하지 않았다. 오히려 죽음은 그에게 하늘이 열리는 사건으로 이해되는 점에서 슬퍼할 일이 아니었다. 사람에게서 그리고 그의 주변에서 사라져 버릴 모든 것은 그렇듯 잠정적인 것들이요, 하느님께서 정하신 시간이 지나면 영원한 것에 그 자리를 내어 주어야만 하는 점에서 (영원한 것을) 대리하는 것들이다. 믿지 않는 이에게는 죽음이 모든 것을 철저하게 끝내는 것을 의미한다. 그래서 사랑하던 사람들의 죽음 앞에서조차 천붕지통天崩之痛의 슬픔을 느낀다. 죽은 이들은 비신앙인에게 완전히 사라져 버린 것이요, 장차 그들과 사랑을 더 이상 나눌 수 없다고 생각하기 때문이다. 그러나 신앙인은 죽음을 맞이한 사랑하던 사람이 이제는 또 다른 세계에, 그러니까 진리가 그의 완전한 의미를 실현하는 그런 세계에 속하게 되었음을 안다. 그래서 그 사랑하던 이에게 더 이상 [세상에서와 같이] 돌봄이 필요치 않음을 안다. 그는 모든 것이 채워진 세상으로 **되돌아갔으며** 거기서 오히려 그는 (이 지상에 남은) 생존자들을 위해 영원한 효과를 주는 도움을 베풀 수 있다. 그와 같은 효과적인 도움을 베풀 수 있다는 신념은 [죽은 이들과의 통교를 교의로 삼는] 그리스도교의 소중한 신앙 유산이다. 그러므로 그것은 사라져 버릴 것들에 비해 훨씬 더 본래적이고 실재적인 것들에 속한다. 하느님께 **되돌아간** 신앙인은 자신의 최종적인 거취를 하느님께로부터 판정받은 것이요, 그래서 그 판정에 의거해서 남아 있는 이들에게 결정적으로 중요한 것을, 그들이 지상에서 수행하는 소임을 완료하도록 도움을 줄 수 있다.

아주 오랫동안 삶의 의미를 찾아 나선 비신앙인은 모름지기 하느님에 대한 물음을 무의식적으로나마 스스로 제기하게 될 것이다. 비록 신앙이 그에게 모호하게 비칠지라도 그는 신앙을 향해 나아가는 길목에 서 있는 셈이다. 그렇지만 사라져 버리는 것들로 가득한 세계 안에서 **사람다운 삶**을 위해 제법 탄탄한 의미를 발견하는 일이 그에게는 가능하지 않다. 그는 영원한, 천상적인 가치에 대해 궁금하더라도, 근본적으로 그것을 일컬을 수 있는 이름^{Namen}[2]을 알지 못하기 때문이다. 그러므로 오늘날과 같이 완전히 막무가내로 생각하며 살아가는 이가 진짜 비신앙인일지도 모른다. 곧 자신의 삶 안에서 머지않아 일어날 것(미래)과 이미 지나간 것(과거)은 알 수도 없고 알 필요도 없다는 생각에 [그저] 자기 자신과 자신의 주변 세계가 현재 처해 있는 상태에 잘 적응하는 것에 만족해하면서 그때마다 그것으로 충분하다고 자신하는 사람 말이다. 그는 그 어떤 기대도 하지 않으려 하며 기대할 수도 없다. **오늘**(만)이 그에게 완전한 것으로서 충분하다고 생각할 것이기 때문이다. 그에 반해 개념이 있는 사람은 시간이 갈수록 매번 반복해서 (직관적인 통찰이) 다른 것으로 계속 이어지고 보충되고 전조를 띠고 나타날 수 있기 때문에, 자

---

[2] '이름^{Namen}'은 독일어로는 마치 손으로 붙들 수 있는, 파악把握 가능한 도구로서 '개념^{Begriff}'과 동의어다. — 역자 주

신을 짓누르는 줄기찬 물음과 함께 그때마다 파편처럼 그에게 밀려드는 직관적인 통찰을 모른 척할 수 없을 것이다. 그러나 반드시 알아야겠다고 다짐함에도 불구하고, 그의 오성으로는 결코 완전히 만족스러운 이상 세계를 가공해 내는 일을 매듭짓지 못한다는 사실을 스스로 깨닫게 될 것이다. 설령 그가 오늘날의 시대적 요구를 충족시키는 이상 세계를 기획할 필요가 있다고 생각하더라도, 그러한 대부분의 주장들 이면에 의문 부호, 곧 (자신의 기획을) 보류하는 표식을 달아야만 할 것이다. 그러나 만일 성자께서 당신 자신이 **진리**라고 말씀하신다면, 당신 자신을 가리키는 이 말씀이 저 영원한 생명에서 유래한 것이라면, 신앙인은 이 말씀의 빛을 받아, 어째서 자신의 모든 생각과 자신의 사랑, 기꺼이 희생하겠다는 자신의 의지가 여기 이 지상에서는 한계에 부딪힐 수밖에 없는지 알아채게 될 것이다. 물론 그 한계는 저 하늘나라에서 마침내 완전히 거두어지겠지만 말이다. 그렇게 그는 하느님을 향해 나아가는 도중에 있으니, 그의 지나가 버림(덧없음)은 결국 이러한 노정路程을 묵묵히 알려 주는 표지인 셈이다.

4장

삼위일체적인 사랑의 중재

신앙인에게는 하느님의 사랑을 깨달을 수 있는 길이 열려 있다. 바로 성자 예수 그리스도께서 한 인간으로 성장하시면서 행동하시는 매 단계마다 보여 주시는 영원하신 하느님의 사랑을 눈으로 확인할 수 있기 때문이다. 그럼에도 사람이 되신 그분께는 단 한 가지 처음부터 변함없이 유지하시는 능력이 있다. 성부께 받은 직관 능력이다. 그분은 그것을 우리에게 당신 아버지에 대해 변함없이 사랑하시고 순종하시는 삶으로 드러내셨다. 그분께서 그렇듯 충실하게 세상에서 사셨다면, 그것은 그분이 누리시는 삼위일체 하느님의 내적인 사랑 덕분이다. 그분이 장차 보내시기로 약속한 성령께서도 그렇듯 성부께 순종하는 모범을 보이신 성자와의 유대 안에서 행동하신다. 《성경》(마태 26,29; 루카 23,43 등)에 의하면 성자께서는 자신에게, 성부께 그리고 성령께 속한 은총을 약속하시고 선사하신다. 우리는 그분의 말씀을 종종 띄엄띄엄 알아듣지만, 사실상 그 한마디 한마디가 삼위일체 하느님의 사랑을 넘치도록 가득 담고 있다. 하느님의 사랑은 이기주의적인 순환 논리의 오류에 떨어지는 인간의 사랑과 다르다. 그래서 우리는 삼위일체 하느님께서 내적으로 이루시는 사랑에 기대어 온전히 혹은 무한히 사랑할 수 있다. 초대 교회 신앙인들은 이를 통찰하기 위해 한적한 곳을 찾아 떠났다. 세상을 떠나 자신을 전적으로 내맡길 곳, 광야든 사막이든 찾아 나섰다. 그렇게 하느님께 시선을 돌리는 행위를 '관상'이라 일컫는다. 하느님의 영원한 직관에 참여하기 위해 준비하며 몸과 마음을 온전히 비우겠다는 의지도 수반된다. 관상이 참되다면, 기도하는 이에게 그것은 자신이 새로워지는 전환점이 되며, 어떻게든 새로운 희생 및 새로운 사랑의 봉헌이 분명하게 이뤄진다. 이러한 의미에서 관상은 성부의 세상 창조 및 그분의 사랑에 대한 응답이다. 그래서 관상에는 지루함이 없다. 아무리 해도 지칠 줄 모르는 사랑 때문이다. 다만 성부의 사랑이 너무 커서 성자에게 극단적인 모습으로 비쳐질 수 있다. 더 이상 성부의 현존을 느끼지 못하고 십자가상에서 자신을 떠나 버리셨다고 여겨지는 순간까지 계속되어야 했지만, 사람들이 그것을 이해하든 이해하지 못하든 그 여부로 인해 제약받진 않는다. 동일한 사랑이 성자께서 파견하기로 약속하신 성령으로 인해 보다 더 견고하게 드러날 것이다. 성령께서는 인간적인 형태가 아니라 차라리 그와는 다른 모든 것과 닮은 모습으로 자신을 드러내신다. 성자와 성령께서 일으키시는 작용의 상이성에도 불구하고, 아니, 그렇듯 다르게 드러나는 수많은 다양한 작용으로 말미암아 결과적으로 하느님의 사랑이 무한하다는 사실을 확신하게 된다.

신앙인에게는 결정적으로 성자의 공현公顯으로 말미암아 세상에 대한 하느님의 사랑에 토대를 둔 명오明悟가 열린다. 성자께서는 사람이 되시어, 그로써 사람들을 하느님께 나아가도록 해방시키신다. 그러한 결정은 일찍이 하늘나라에서 내려진 결정으로서 세 위격의 하느님이 함께 내리신 것이다. 성자에게서 우리는 그 결정을 눈으로 확인하게 되며, 그리스도께서 사람으로서 성장해 가시는 매 단계마다 보여 주시는 저 영원하신 하느님의 내적인 사랑을 깨닫게 된다. 그분께서는 인성을 취하셨으니, 그로써 성부께서 만드신 세계, 성부께서 지으신 사람이 **좋다**는 것을 증명하신 것이다. 성자께서

는 그렇듯 성부를 창조하시던 당시(날들)로 소급하여 청하시되 성부께서 마음에 들어 친히 **좋다**고 판정을 내리시기 직전의 시간으로 모신다. 성부께서 만드신 작품에 대해 성자께서 보이시는 애정은 성부에 대한 사랑의 표현이다.

어느 한 존재가 오로지 다른 한 존재의 마음에 들기 위해 자신의 존재를 위해 근본이 되는 고유한 조건들을 모조리 바꾸어 버릴 수 있는 경우를 우리는 상상하기 어렵다. 설령 모조리 바꾼다고 하더라도 최소한 몇 가지 그에게 익숙한 것들은 남겨 놓아야 하지, 완전히 바꿀 수는 없지 않은가! 그것이 때때로 사랑하는 이에게 도움이 될 수 있겠지만, 그다음에는 다시 그 자신으로 존재하고 싶어 하지 않겠는가! 성자께서는 그렇지만 그 자신으로 존재하지 않고, 아예 오롯이 세상에서 한 사람으로 살아가되, 오직 성부로부터 받은 직관 능력만 유지하셨다. 그분은 성부의 사랑을 결코 손에서 놓지 않으시고 사람이 살아가면서 겪게 되는 온갖 우연적인 것들을 받아들이셨다. 그분의 유년 시절만이 아니라 [복음서가 전하지 않는] 가려진 때든 공공연하게 활동하시던 때든 나아가 십자가 위에 매달리셨을 때든 그분은 성부를 향한 사랑 때문에 뭇 사람들 곁에서 유독 한 사람으로 존재하고픈 근본적인 생각을 언제든 단 한 순간도 떨쳐 버리신 적이 없다. 살아가는 동안 내내 변하지 않은, 이 같은 사랑은 우리가 그분의 지상 생활 전반에 걸쳐 능히 추적할 수 있는 만큼, 조금도 흔들림 없이 일관된 사랑을 보이심으로써 하느님의 사랑이 지닌 특징을 우리가 알 수 있게끔 해 준다.

이 같은 사랑의 특징에서 비롯하는 어떤 것은 그리스도를 추종할 때 [모든 사람에게] 요구되는 **사람다운 삶**의 일면 또한 수용할 수 있게 해 준다. 만일 하느님을 향한 사랑 때문에 자신의 삶을 봉헌하는 자라면, 하느님께서 자신을 파견하시도록 내맡기거나 순교조차도 불사하듯 자신이 나름 갖고 싶은 의도와 계획들을 가차 없이 단념할 것이니, 그렇게 그를 움직이게 만드는 사랑은 사람들 사이에서 주고받는 사랑과 동등한 것으로 볼 수 없다. [그도 그럴 것이] 그의 행동들은 결코 이웃 사랑이 보여 주는 그런 익숙한 행동들과 다르다. 그와 비교할 수 없을 정도로 그는 그의 봉헌이 하느님으로부터 영원성을 보장받을 만큼 강력한 믿음을 갖듯이 그를 사랑하시는 하느님의 뜻에 심취하여 살아간다. 물론 하느님을 사랑하지 않는 자는 살아가는 동안 그렇게 사람의 영혼을 일깨우는 동기나 신적인 사랑에 의해 일어나는 심오한 작용을 전혀 알아채지 못할 것이다. 왜냐하면 그가 살아가는 동안 그것이 드러날 때마다 정작 알아볼 수 있으려면 오직 하느님의 사랑을 받아들여 그것을 되비추는 응답이 전제되어야 하기 때문이다. 이때 하느님 사랑은 단 한 번 성자의 지상 생활 중에 보이신 모범을 고스란히 뒤따르는 의미에서 사람이 자신을 봉헌하는 순간 실제 현존한다. 자신을 봉헌한 자는 온통 성부를 향한 성자의 사랑으로 살아가는 사람이란 점에서 그렇다. 그에게 그의 삶을 영위하도록 힘을 부여하는 원천은 어떤 측면에서 보아도 결코 이 세상도 이 세상에 속하는 어떤 것도 아니다. 반면 성자께서 그렇듯 충실하게 이 세상에서 사셨다면, 그것은 그분이 누리시는 삼위일체 하느님의 내적인 사랑 덕분이다. 그래서 만일 그분이 사랑하시는 이 세상을 곧 떠날 것을 염두에 두시고 성령을 보내실 거라고 약속하신다면, 이미 성령에 대해 잘 알고 계시다는 것이요, 저 천상에서부터 이미 이 지상에 당신 사랑을 계속해서 더 쏟아부으려 작정하셨다고 볼 수 있다. 그러므로 이 세상에 오실 성령께서는 사람이 되신 성자와 동일한 사랑을 그분의 방식으로 완성하실 것이다. [다시 말해] 성령께서는 삼위일체 하느님의 내적인 사랑에서 흘러나오는 힘으로 사람들에게 능력을 부여하시면서 그로써 사람들이 그 사랑을 알아보도록 도와주실 것이다. 지상에 내려오신 성령께서는 사람들을 변화시키시고 신앙과 사랑을 강화시키실 것이니, 이는 성자께서 다하신 사명을 넘겨받아 이어 가시는 것이라 하겠다. 성령께서는 그분의 고유한 작용이 드러나지 않도록 대체로 소리 없이 행동하시지만, 성부께 순종하는 모범을 보이신 성자와의 유대 안에서 행동하신다.

그러나 성자와 성령의 출현만이 삼위일체 하느님의 내적인 사랑과 [소위] 세 위격의 상호 관계를 드러내는 것이 아니라, 성자께서 하늘나라와 하늘나라에서 펼쳐지는 장면과 관련하여 언급하시는 모든 **말씀** 또한 그러하다. 그분은 십자가 위에서 한 강도에게 말씀하셨다.

"너는 오늘 나와 함께 낙원에 있을 것이다."(루카 23,43)

그렇게 그분은 사람이 하느님께로부터 얻어 누릴 수 있는 최고의 영광을 약속하신 것이다. [또한] 성자께서는 제자들에게 "내 아버지(성부)의 나라에서 새 포도주를 마실"(마태 26,29) 것이라고 약속하신다. [《성경》이 전하는] 그와 같은 또 그와 유사한 말씀들은 상당히 놀라울 뿐만 아니라 기쁜 소식을 가득 담고 있다. 그렇듯 그분은 자신에게, 성부께 그리고 성령께 속한 것(은총)을 약속하시고 선사하신다. 말씀으로 표현된 기쁨은 하늘나라에 함께 계시는 삼위일체 하느님과 직결되어 있다. 이 기쁨 때문에 성자께서는 [모든] 사람들이 성부의 무한하신 사랑에 함께 들기를 바라며 그들을 해방시키시는 것이다. 성부를 향한 성자의 사랑으로 인해, [아니] 근본적으로 삼위일체 하느님의 내적인 사랑으로 인해 성자께서 언급하신 모든 말씀이 그 바닥을 알 수 없는 심연처럼 심오할 수밖에 없지 않은가! 우리는 그분의 말씀을 종종 띄엄띄엄 듣지만, 사실상 그 한마디 한마디가 하느님의 사랑을 넘치도록 가득 담고 있다. 만일 사람들이 하느님의 사랑을 애써 찾았지만 발견하지 못했다고 둘러댄다면, 그들이 단지 표현된 문자에만 온통 사로잡혀 있기 때문일 것이다.

성자의 **사랑의 계명**, 그러니까 사람에 대한 사람의 사랑이 곧 삶의 의미이자 목적이라는 진실을 노래하는 이 계명 또한 저 하느님의 내적인 사랑을 표현한 것 외에 다름 아니다. 우리가 서로 사랑해야 한다면, 그것은 하느님께서 우리를 사랑하시기 때문이요, 하느님께서 단연코 사랑 자체이시기 때문이다(1요한 4,16). 그래서 만일 하늘에 계신 아버지(성부)께서 그러하시듯이 우리도 완전해지기 위해서 저 사랑의 계명을 준수해야 한다면, 그것만이 사랑의 계명에 대한 유일한 설명이다. 왜냐하면 완전함은 한없이 자비로운 저 영원한 사랑에 근거하기에 그 사랑을 회복하는 것을 뜻하기 때문이다. 만일 오로지 사람만을 지향하고 하느님에 대한 사랑은 도외시하는 **이웃 사랑**이란 궁극적으로 이기주의적인 순환 논리의 오류에 떨어지고 말 것이다. 그런 사랑은 자신을 사랑하는 상대만을 찾아 사랑하려고 함으로써 그와 같은 상대성의 논리 위에서 결국 한계에 부딪히고 (사랑하는) 힘을 소진해 버리고 말기 때문이다. 자신을 무한한 존재로 규정하려는 시도는 사람에게 너무 벅찬 욕심이다. 하지만 만일 신앙인이 또 다른 신앙인을 사랑한다면, 그때 그는 하느님께 기대어 상대를 [무한히] 사랑할 수 있다. 그러니까 자신의 이웃을 하느님의 사랑에 힘입어 사랑하는 것이다. 그저 상대가 잴 수 있고 지켜볼 수 있는 사랑으로써가 아니라 거듭할수록 점점 더 위대하게 다가오시는 하느님께 헌신하는 마음으로 바치는 사랑으로써 사랑하는 것이다. 그와 같은 사랑은 그가 마치 하느님께 기도를 봉헌하는 것과 같은 사랑이다. 하느님께서 친히 그 사랑을 완성하시길 청하듯이 말이다. 그러므로 신앙인은 자신의 사랑이 자신이 추구하는 의미에 국한해서만 결실을 맺길 바라지 않듯이 오직 자신이 사랑하는 사람(이웃)만을 집중적으로 사랑하지 않는다. 오히려 그 사랑을 하느님께 내맡긴다. 그로써 그 사랑 자체가 자라나도록 애쓴다. 그 사랑이 하늘나라로부터 효력을 발휘할 수 있게끔 말이다. 그와 같은 사랑은 기도와 마찬가지로 좋은 사랑이라고 말할 수 있다. 하느님께서는 언제든 참된 사랑이라면 그것을 당장 필요로 하는 곳에다 활용하시기 위해 일종의 기도처럼 받아들이실 것이기 때문이다. 하느님께서는 분명하게 봉헌된 어떤 희생 혹은 기도로 [당신의 섭리를 펼치기] 시작하시듯이 그리스도에 대한 믿음 안에서 서로 사랑을 나누는 두 신앙인의 사랑으로 혹은 어느 한 신앙인이 그가 속한 공동체 및 교회와 나누는 사랑으로 혹은 어느 한 신앙인이 하느님을 향한 사랑으로 똑같이 시작하실 수 있다. 하느님께서는 그 사랑을 친히 받아들이시고 완전히 거룩하게 하시어 그것을 세상에, 교회에, 사람들에게 되돌려주신다. 그들을 당신께 모아들이시기 위해서 말이다.

만일 성자께서 처음부터 성부의 말씀이시라면, 그 말씀은 사랑을 낳는다고 말해야 한다. 강생 때 말씀은 [성부] 밖으로 사랑을 낳으신 것이다. 그리하여 사람들은 성자를 통하여 삼위일체 하느님의 사랑을 경험하게 되었으며 그분의 말씀을 사랑의 말씀으로 알아듣게 되었다. 그러나 [성부] 밖으로 알리신 그 사랑을 성자께서는 자신 안에서 성부의 **직관**으로 새기신다. 이 직관은 성자에게 사랑을 의미하는데, 이 사랑은 그분을 하늘에서와 같이 땅에서도 성부와 하나를 이루게 한다. [《성경》이 종종 전하듯이] 만일 성자께서 **혼자** 기도하러 [한적한 곳으로] 가신다면, 그분이 순전히 형식적으로 어떤 말들을 통해 성부께 기도하시는 것이 아님은 분명하다. 그분이 사람들을 가르치면서 언급하셨던 말씀도 있긴 하지만, 그분은 영원히 자신과 나누시는 성부와의 친교 덕분에 성부의 직관을 따라 기도하신다. 그 직관은 성자의 기억 안에서 점점 자리를 굳힘으로써 마침내 성자께서 성부를 위하여 온통 비워 드리고자, 곧 무한한 크기의 빈자리를 내어 드리고자 하셨다면, 그 빈자리는 그 무한한 크기에 견줄 만한 사랑에나 어울릴 것이다.

이미 첫 세대 그리스도인들도 자신들이 기도하기 위해 한적한 곳을 찾아 떠나는 것이 좋음을 알고 있었다. 성부와 성자와 성령께 자신을 내맡기기 위해선 한적한 곳이 필요함을, 그렇지 않고 세상살이에 열중하겠다면 기도할 시간을 따로 가질 수 없으니, 하느님을 되비추는 깨끗한 거울처럼 자신 안에서 맞이하기 위해선 일상적인 모든 것을 피해 달아나는 것이 좋음을 알고 있었다. 하느님께 시선을 돌리는 일, 곧 성자의 직관에 상응하는 그리스도인의 영적인 몰입을 우리는 관상Kontemplation이라 부른다. 관상은 이중적인 의미에서 [독일어로] 포라우스그리프Vorausgriff, 곧 **앞선 붙듦**을 의미한다. 하늘에 계신 성부의 영원한 직관에 참여하기 위해 미리 준비한다는 뜻이면서 동시에 그로써 하느님께서 그에게 어떤 답을 하시든 받아들일 수 있도록 몸과 마음을 온전히 비우겠다는 뜻이 내포되어 있다. 그것은 하느님께서 뜻하신 바에 따라 성령을 불어넣으시는 모습으로 혹은 통찰의 형태로 더 나아가 진정한 환시의 형태로도 포착된다. 이 마지막 형태인 환시가 전적으로 관상에 속한다. 그래서 관상이란 일종의 '예견Vor-Schau'인데, 그렇게 당신께서 보여 주시고 싶은 그것 안에서 당신 뜻을 밝히심으로써 단지 기도하는 사람 자신만이 아니라 그를 통하여 교회 또한 풍요로워진다. 그와 같은 식으로 관상 안에서 기도 역시 충만해지지만, 그로 인해 사람들이 잔뜩 기대한 응답을 주실 것처럼 인간적인 간청에 하느님께서 즉각 동의하신다는 뜻은 아니다. 차라리 교회 안에서 열심인 신앙인에게 교회를 위해 그리고 하느님의 뜻을 위해 가장 잘 어울리는 사랑을 기도의 응답으로 선사하신다고 생각할 수 있다. 그렇게 모든 관상은 사랑의 대화가 된다. 또한 우리의 눈에 띄는 복음의 신비는 이 같은 사랑이 겉으로 드러난 표현이다. 그래서 주님께서 관여하시는 기적이나 십자가나 전례 축제, 혹은 주님께서 설명하시는 비유나, 사람의 아들로서 드러내시는 자신의 전 존재나 모두 똑같은 의미를 지닌다. 관상은 언제든 결실을 맛보게 하는데, 그 열매는 관상에서 직접 나온다. 그 열매 또한 마찬가지로 사랑의 응답인데, 사랑이 신앙인의 내면에서 하느님을 향해 점점 더 커져 가거나 신앙인 자신이 그분의 신비 안으로 점점 더 깊이 파고들듯 거룩해지거나 혹은 정해진 어떤 과제를 넘겨받는 형태로도 드러날 것이다. 관상이 참되다면, 기도하는 이에게 그것은 그 자신이 새로워지는 출발점이 된다. 그는 그 새로움의 깊이를 거의 측량할 수 없지만, 어떻게든 새로운 희생, 새로운 사랑을 하느님께 바치는 것만은 분명하다.

이러한 의미에서 관상은 성부의 세상 창조에 대한 응답이기도 하다. 성부께서는 사랑으로 이 세상을 창조하셨고, 이 세상은 그분께서 친히 마주하여 바라보시는 대상이 되었다. [세상 창조를 통해] 하느님의 순수하신 사랑이 [감히 사람이] 가늠할 수 있는 사랑으로 외화外化된 것이다. 세상 창조 마지막 날에 '참 좋았다'고 내리신 판정은 그분의 사랑이 피조물 안에서 그에 상응하는 것을 찾으셨음을, 그분의 사랑이 그 안에서 기쁨을 누릴 수 있으심을, 창조된 만물이 풍요롭다는 사실을 당신께서 친히 입증하셨음을, 새로워진 세상의 형상 안에다 피조물의 열매를 손수 빚으셨음을 뜻한다. 성부께서 창조를 통해 보이신 당신 사랑의 표현은 모두 그 때문에 [그분께] 사랑으로 응답해야 옳다. 만일 창조주께서 망망대해를 당신의 너울(파도)로, 드높은 하늘을 당신의 가려진 구름 덩이로 응시하신다면, 그렇게 그분께서는 그러한 것들 안에서 당신께서 만드신 피조물 하나하나를 알아보시니, 그러한 것들은 당신의 무한하심을 알려 주는 표지요, 그와 같은 표지를 통해 당신에 관한 어떤 사실을 일러 주시기 위해 사람들에게 친히 선사하신 거울과도 같은 것이다. 수많은 사람들이 서로 밀접한 관계를 맺고 살아가면서 자신들의 동료에게 위협을 받기도 한다. 그들은 인간적인 분위기에 휩쓸려서 하느님을 종종 어렵게만 여긴다. 그러므로 그들에게는 어떤 전망, 일종의 숨구멍, 중립적이며 한계가 덜한 중재 수단, 그러니까 그들이 하느님을 상기할 수 있고 그들의 무딘 신앙과 사랑을 굳건하게 키워 줄 수 있는 수단이 절실히 필요하다. 하나의 드넓은 주변 경관은 우리에게 평화롭고 안정적인 느낌을 선사하지만, 그러한 느낌을 불러일으키는 실체는 [우리가 흔히] 그 자체로부터 샘처럼 길러 낸다고 여기는 경관과 같은 그런 어떤 것(물질적인 것)이 아니라, 오히려 그것을 지으신 하느님의 평온함을 전하며, 어느 샌가 우리를 그분의 침묵으로 이끌면서 그분이 영원히 한결같으심을 일러 주는 그런 어떤 힘(영적인 것)이다. 그것은 사람들에게 항상 새롭고 강력하게 작용한다.

관상에는 지루함이 없다. 왜냐하면 관상은 성부의 창조적인 사랑에 대한 화답이기 때문이다. 그렇게 관상 자체는 피조물의 [창조주를 향한] 사랑이요, 그 사랑은 아무리 해도 지칠 줄 모른다. 그래서 세상에 대한 하느님의 사랑 안에 성자와 성령에 대한 성부의 사랑과 이 두 위격의 성부에 대한 사랑이 내재하는 것처럼, 피조물이 시도하는 관상 안에도 그렇듯 [주고받는] 사랑의 순환 과정이 멈추지 않는다. 특히 사람의 경우에는 그가 이해하지 못하는 중에도, 또 그 자신이 마음 바뀔 수 있음을 고백하며 더욱이 자기 눈에 하느님께서 전혀 생소한 얼굴빛(표정)과 거동으로 다가오시는 중에도 자신이 하느님으로부터 사랑받고 있음을 깨닫게 된다. 창조주께서 당신이 지으신 피조물에게 내비치고자 하시는 그러한 오해하기 쉬운 표정과 거동, 예를 들어 기쁨에 들뜬 표정과 침묵하듯 담담한 표정, 낯선 듯 차가운 표정과 반가운 듯 따뜻한 표정 등등은 사실 간단히 생각하듯 서로 상충되는 것이 아니다. 하느님의 이 같은 **얼굴빛**(표정)은 교회 안에서, 교회가 집전하는 성사 안에서, 축제 안에서, 나아가 사랑 가득한 관상을 위해 또 달리 새로운 길이 열린다면, 우리가 당신의 충만하심을 음미하게 되는 전례상의 기도문 안에서도 반사되어 나타난다.

또한 하느님께서 당신의 섬세한 사랑으로 마치 씨줄과 날줄을 정성껏 엮어 내시는 직물처럼 이 세상을 계획하시고, 당신께서 단순히 지어 내신 피조물로서가 아니라 당신의 내면에 차오르듯 샘솟는 충만한 사랑에서 흘러나온 존재로서 아끼시는 사람들의 사랑을 [대견하게] 지켜보시는 동안, 완전히 사라져 버리는 시간을 따라서 그러한 사랑에 관해 입증하는 것들이 그분께 되돌아 흘러갈 것이요, 그렇듯 입증하는 것들은 성자의 희생을 통하여 창조된 (피조물의) 사랑이 세세대대로 창조주의 사랑 안에 머무르게 된다는 사실을 보증해 줄 것이다.

—— *A. v. Speyr* ——

성자께서는 올리브산에 올라 이렇게 기도하신다.

"아버지, 아버지께서 원하신다면 이 잔을 저에게서 거두어 주십시오."(루카 22,42)

또한 십자가에서 그분은 큰 소리로 다음과 같이 부르짖으신다.

"저의 하느님, 어찌하여 저를 버리셨습니까?"(마태 27,46)

이 두 말씀 모두 극도의 긴장과 전율 속에서 당신의 고난을 알려 주신다. 그분은 그토록 엄청난 고통을 미리 감지하시면서 고난의 잔을 피할 수 있는 일말의 가능성을 엿보신다. 그럼에도 만일 성부께서 십자가를 허락하신다면, 이는 처음부터 성자를 사랑하신 성부의 마음을 드러내는 징표로 삼아야 한다. 다만 아버지의 사랑이 너무 커서 당신 아드님에게 극단적인 모습으로 비쳐질 수 있다. 그리하여 하늘나라에서 결정된 (구원) 계획은 완료되는 그 순간까지, 그래서 성자께서 성부의 현존을 더 이상 느끼지 못하고 아버지가 자신을 떠나 버리셨다고 여겨지는 순간까지 계속 전개되어야 했다. 성자를 향한 성부의 사랑은 어떤 사람이 계속 그 사랑의 관계를 이해하든 더는 이해하지 못하든 그 여부로 인해 제약을 받진 않는다. [《성경》의 증언에 따르면] 성부의 사랑은 당신 아드님을 이 땅에서 죽도록 만들었다. 그로써 저 신적인 사랑은 [사람들에게] 그 크기를 잴 수 있을 만한 잣대를 허용하지 않으며 어디로든 맘대로 흘러갈 만큼 자유롭다. 사람들이 느끼는 그 모든 한계나 제한은 산산이 부서지고 만다. 세상에서 사랑하는 어떤 사람이 사랑하는 대상(연인)에게 자신의 목숨을 바치겠다고 마음먹지만, 혹시라도 그가 생각한 것과는 다른 어떤 국면을 맞게 된다면, 그는 그 같은 희생을 포기하기 쉽다. 그가 자연스레 죽음을 맞이하기 전에 다른 사람을 위해 목숨을 바치기로 해 놓고서 [다시금] '아니오' 하고 말하는 경우 어쩌면 사랑이 부족한 자신에게 탓이 있다고 부끄러워할지도 모른다. 그러나 순수한 인간적인 사랑은 생명의 한계를 마땅히 전제하기에, 그 어떤 무한한 희생을 장담하지 못한다. 설령 순교자가 자신의 목숨을 하느님께 바친다고 할지라도, 그는 [사람이기 때문에 감당해야 할] 모든 제한적인 잣대로부터 자유롭지 못하다. 물론 어느 정도 자신이 저지르고 싶지 않은 죄에 대한 잣대와 (죽음을 코앞에 두고서) 당장에 하느님께서 자신을 외면하실 것 같은 상황에서 자신이 선택한 죄에 대한 잣대에 대해 알고 있다. 그럼에도 그는 자신의 [유한한] 사랑이 하느님의 헤아릴 길 없는 사랑 안에 흘러들어 가게 할 수 있다. 비록 그 무한한 사랑에 대해 모든 사람들이 그러하듯이 단지 부당한 개념으로 이해할지라도 말이다. 그리하여 죽어 가는 바로 그 순간에도 그에게서 하느님의 현존에 대한 의식이 말끔히 사라져 버리기는 어려울 것이다. 하지만 성자께서는 [아버지에게서] 완전히 버림받음을 느끼며 돌아가셨다. 성자께서는 홀로 그렇듯 [사람으로서] 남김없이 다 바칠 수 있는 희생의 끝을 향해 걸어가시고, 성부께서는 당신을 가린 장막을 거두지 않으신 채 성자의 희생을 묵묵히 받아들이신다. 왜냐하면 자신의 희생을 성자께서는 처음부터 측량할 길이 없는 신적인 사랑의 일환으로 알아보셨기 때문이다.

하느님이신 성자께서는 동시에 사람으로서 정녕 운명처럼 거쳐야 하는 지상적인 삶을 참고 견뎌 내셨는데, 이는 성부의 사랑에 단 한 번의 희생으로 [변함없이] 응답하신 것을 가리킨다. 만일 그분이 성부께 되돌아가실 때 **성령**을 보내실 거라고 약속하셨다면, 그렇게 성령께서는 사람이 되시거나 이 지상에서 [성자와] 똑같은 운명으로 살아가실 분은 아니다. 우리는 그분의 흔적을 오순절 사건을 통해 확신할 수 있다. 혹은 그분께서 작용하신 개종 및 신앙 증언들을 회상하면서 그분에 대해 설명할 수 있다. 사람들은 그분께서 사람들 각자의 운명을 어떻게 바꾸실지도 알 수 있다. 그러나 사람들은 [거꾸로] 그분에게서 정작 어떤 [세상적인] 운명과 관련시켜 말할 부분을 찾을 수 없다. 이는 다시금 하느님의 내적인 사랑이 얼마나 생생하게 작용하고 있는지 보여 주는 또 하나의 표징이다. 그러니까 성자께서는 자신이 성부께로부터 파견되었던 것처럼 [성령을] 보내신다고도 볼 수 있지만, 그것은 흔히 자동적으로 일어나는 반복적인 사건이 아니라 일종의 독립적인 사건이다. 왜냐하면 성령께서는 성자를 본보기로 삼아 고스란히 그 길을 따라 걷지 않으실 것이요, 그분은 [불고 싶은 대로 부는 바람처럼] 당신이 **하시고 싶은 대로** 행하실 것이기 때문이다. 그래서 그 어떤 외적인 형상으로 포착되지도 않고, 윤곽이 그려지지도 않거니와 더더욱 간단히 파악될 수도 없다. 하느님께서는 성자의 희생을 근거로 사람들을 받아들이실 것이요, 개별 신앙인들 안에서 그들 한 사람 한 사람을 위해 고난을 당하신 성자께서 마련하신 표지를 알아보실 것이다. 그러나 [더 엄밀히 말한다면] 성부께서는 성자와 더불어 그리스도인 개개인을 알아보실 테지만,

이때 성령께서도 그리스도인 각자 안에서 당신의 고유 역량을 발휘하여 도우실 것이다. [다만] 성령께서는 성자께서 마련하신 표지들 안에서 작용하실 것이다. 왜냐하면 성자의 역할은 곧 [자신에게 속한다는] 그 **소속성**을 밝히기 위해 교회라는 표지를 달아 주는 것이기 때문이다. 그리고 성령께서는 인간적인 형태가 아니라 차라리 그와는 다른, 그러니까 [사람을 제외한] 다른 모든 것과 닮은 그런 모습으로 자신을 드러내신다. 성자와 성령이 저마다 일으키시는 작용의 상이성에도 불구하고 그 상이성으로 드러나는 많은 점들이 그처럼 아주 다양한 과정들을 입증하듯 결과적으로 하느님 사랑이 무한하다는 사실을 알아볼 수 있게 해 준다.

만일 우리가 신앙을 가진 사람들에게 이를 조심스럽게 적용해 보려고 시도한다면, 우리는 모름지기 [성령께서 각자에게 작용하시는 만큼] 다른 사람들에게서 영향을 받게끔 자신을 개방할 수 있고 또 그들의 믿음에 기대어 살아가도 괜찮다는 점을 배울 수 있을지 모른다. 하지만 그런 입장이 허용되는 경우는 다만 우리 스스로 [갈피를 잡지 못해] 방황할 수밖에 없는 순간들뿐이다. 왜냐하면 우리는 대체로 성자를 모범 삼아 그분 뒤를 따라야만 하는 것이지, 그처럼 개별 신앙인의 영을 따르지는 말아야 하기 때문이다. 만일 개별 신앙인의 영이 성령에 의해 나아가게 되었다면, 그 영은 성자에게로도 우리를 안내해 줄 것이요, 그러한 안내를 통해 궁극적으로는 성부께로 향하는 **문**이신 성자의 모범에 동참하게 될 것이다.

5장

성부께로 나아가는 길을 안내하시는 성령

오순절에 체험한 성령을 통해서 사도들은 두 가지를 경험했다. 하나는 전대미문의 색다른 체험으로 인해 두려움에 휩싸이는 경험이었고, 다른 하나는 익숙했던 것들을 초월하여 새로운 능력 앞에서 자신을 개방하는 경험이었다. 전자는 갑작스럽게 탁월한 언어를 구사했던 경험이고, 후자는 모두가 같이 이해하고 소통하는 경험이다. 그것이 성자께서 약속하신 하느님의 영 덕분이라면, 그 성령 안에서 그분의 제자들이 얻어 누리게 되는 살아 있는 신앙의 열매가 무엇인지 능히 짐작할 수 있다. 그러므로 그것은 이미 존재해 온 모든 것과 끝없는 확장에 대한 보증을 동시에 의미하는 완전히 새로운 차원의 경험이었다. 달리 말해, 그것은 성자께서 약속하신 바가 채워졌다는 것이요, 그분께서 내려오신 그곳(하늘)으로 되돌아가셨음을 알리는 신호이기에, 성부와 성령과 함께 성자께서 이루신 효과적인 구원 행위와 성자께서 일러 주신 생생한 기억들 그리고 그토록 약속하신 영원한 생명을 입증하는 표징이 된다. 그렇듯 성령께서는 성자의 파견 일체를 확증하는 조인에 비유된다. 그리하여 우리는 이제 한쪽 눈으로가 아니라 양쪽 눈으로 사물을 알아보듯이, 성자와 함께 성령의 도움으로 하느님 아버지의 사랑을 훨씬 더 생생하게 알아볼 수 있게 되었다. 이때 위격으로서 성령을 이해하기가 쉽지 않다. 추상적인 생각에서 어떤 속성 혹은 작용 및 에너지와 같은 형태로 접근하려 들겠지만, 그런 생각들을 걸러 내야 한다. 우리가 성자를 자칫 우리와 같은 인간적인 모습으로 이해하려 든다면, 그로 인해 그분의 신성을 놓쳐 버릴 위험에 놓일 것이다. 이에 성령께서는 우리에게 파악될 수 없는 모습으로 다가오시며, "오직 영으로(만) 존재하심"으로써 그런 위험을 미연에 차단한다. 바로 그러한 모습으로 인해 성령께서는 성부의 신비로 사람들의 영을 이끄실 때 아무런 제약을 받지 않으신다. 그렇듯 세상의 물리적인 형태 및 인간적인 닮음을 통해서는 더 이상 알 수 없는 하느님의 초자연적인 신비의 세계로 신앙인들을 이끄신다. 그것은 성령께서 성자에 의해 파견되었지만, 마땅히 성부께로 복귀하기를 염두에 두는 것처럼, 성령께선 성부와 성자와 언제나 함께하시는 분임을 알 수 있다. 그분은 성자의 이름으로 성부를 새로운 방식으로 알려 주기 위해 피견되셨다.

오순절에 사도들이 한자리에 모였는데, 성령께서 "불꽃 모양의 혀들이 나타나 갈라지면서"(사도 2,3) 그들에게 내려앉았고 그들은 성령을 따라 언어의 기적을 체험하였다. 그들은 이때 두 가지를 경험하였다. 하나는 [성령 강림이] 외적으로 익숙하지 않은, 곧 아무것도 알려지지 않은 사건에 견줄 수 있었고, 따라서 그 의미 안에서 서슴없이 해석할 수 없었던 만큼 두려움에 휩싸이게 되는 경험이었다. 다른 하나는 그들의 영적인 힘으로 그들에게 익숙했던 것들을 초월하는 새로운 능력 앞에서 내적으로 자신들을 개방하는 경험이었다. 이 두 가지 두려움과 내적인 개방이란 경험적 사실은 [소위] 신적인 영의 도래를 알리는 표징이었고, 이윽고 그 같은 표징이 실현됨으로써 완전히 이해되었다. 그 자리에서 당장 확인되었던 탁월한 언어 구사 능력의 급격한 확장은 눈으로든 언어적 감각으로든 그와 관련된 아무런 공로도 사전 학습도 훈

련도 없이 그들이 [한순간] 어떤 새로운 세계에 들어섰음을 대변한다. 그러나 이같이 폭발적인 확산은 동시에 하나로 집결함을 의미했다. 모두에게 동일한 것이 경험되었고 또 각자가 다른 사람 곁에서 그 같은 경험에 대해 확신할 수 있었던 만큼 말이다. 이러한 집결은 일차적으로 하나의 공동 증언을 낳았다. 저마다 다른 언어들을 구사하는 그들이 하나의 동일한 언어로 말하였다. 그러나 이때 무엇보다도 성자께서 보내시기로 약속했던 저 신적인 영이 중요했기 때문에, 그 사건은 단지 지상에서 벌어진 특별한 사건에 대한 증언이란 차원을 넘어 더 멀리 나아가야만 했다. 그들이 알고 또 익숙해 있던 한계들을 깨부수고 저 위로부터 성자께서 약속하셨고 이제 눈앞에 펼쳐질 (구원의) 실재 안에서 급기야 자신들의 위치를 깨닫게 된 것이다. 그래서 그들은 그 현장에서 성령의 실존을 경험하였을 뿐만 아니라 성령을 보내시기로 한 성자와 그 성자를 앞서 보내신 성부 사이의 결속 관계를 알아보았다. 이러한 통찰은 성령 안에서 제자들이 얻어 누린 살아 있는 신앙을 달리 표현한 것이다. 이제 제자들은 지금까지 역사적인 한계들과 인간적인 요소들 안에(만) 갇혀 있는 신앙이 아니라, 이미 존재해 온 모든 것과 끝없는 확장에 대한 보증을 동시에 의미하는 완전히 새로운 차원의 신앙을 경험한 것이다. 그러므로 신적인 영은 자신의 얼굴을 내비칠 수 있었다. 그러나 자신의 잣대와 능력들을 초월하여 그들(제자들)을 한껏 들어 올리거나 사람들이 직접 파악할 수 없는 세계, 곧 하느님의 나라에 들어갈 수 있게끔 그들을 바꿀 수는 없었다. 그렇지만 그와 같은 확장은 동시에 지금까지 펼쳐진 모든 것에 대해 '예'라는 응답이기도 하였다. 왜냐하면 그것은 일종의 채워짐이었기 때문이다. 성자께서 약속하신 바가 채워졌다는 것은 성자에 대한 그들의 신앙 또한 채워졌다는 것이요, 그래서 그것은 하늘로부터 이 땅에 내려오신 성자께서 성부 곁에 되돌아가셨음을 알리는 신호이기에, 그와 동시에 성부와 성령과 함께 성자께서 내려 주신 효과적인 구원 행위와 성자께서 이 세상에서 일러 주신 생생한 기억들 그리고 성자께서 약속하신 영원한 생명을 입증하는 표징이 된다.

신약 성경 안에서 **성부**의 완전하신 모습을 구체적으로 묘사하려는 시도 자체는 성자께서 사람이 되시는 동안 성부께서 뒤로 물러나시어 성자에게만 전체 계시를 위임하셨다는 점에서 쉽지 않다. [반면] 구약 성경 안에서는 성부께서 친히 행동하시고 말씀하시는 분으로 당신을 드러내셨다. 하지만 그때에도 유다인들을 상대로(만) 메시아를 보내 주기로 약속하셨다. 당시에 예언자들이 예언해야 할 경우 모두 성부의 이름으로 행동했다. 유다인들 가운데 어떤 이들은 그분의 목소리를 들었는가 하면, 또 어떤 이들은 그분의 거동과 표징을 목격했다. 그러한 경청과 목격을 통해서 그들은 신앙을 다지며 살아 나갔기에, 그들의 삶은 성부에게 근거를 두었다. 또 어떤 이들은 자신들의 환시를 통해서 새로운 약속(신약)을 준비하고 자신들의 하느님 신앙을 키워 나가는 길에서 벗어나지 않는 삶을 살았다. 이 모든 것을 되돌아볼 때 우리는 이같이 성부에게 속한 계시 안에 성령께서 활동하시는 부분이 있다고 말할 수 있다. 왜냐하면 그러한 계시 안에서 많은 이들이 간단히 **성부의 목소리로** 대화를 나눌 수는 없었기 때문이요, 그럼에도 불구하고 거기엔 성부의 주재하심을 표현하고, 그로써 성부의 영이 존재했고 또 성자에게 중재되었으리라 여겨지는 그런 바람을 읽을 수 있기 때문이다.

만일 신약 성경 안에서 성자께서 "하늘의 너희 아버지께서 완전하신 것처럼 너희도 완전한 사람이 되어야 한다."(마태 5,48)라고 말씀하신다면, 그렇듯 성부의 완전하신 모습을 보여 주기 위해서는 오직 한 가지가 필요하다. 곧 **성자**가 몸소 살아가는 모습을 보여 주는 것이다. 그러나 그분께서 사람으로서 온전히 사시는 한, 그분에게서 목격되는 인간적인 것에서 신적인 것을 분간하는 일이 쉽지 않다. 그분의 지상 생활 중에 저 두 가지(인간적인 것과 신적인 것)는 그렇듯 완전히 하나를 이루어서 우리는 오직 성자를 통해서만 성부를 대략적으로나마 볼 수 있으니, 이는 마치 주변 경관을 한쪽 눈으로만 보는 것과 같다고 하겠다. [그러므로] **성령**의 강림을 통해 비로소 (성부의) 모습이 확연해진 까닭에 우리가 보다 더 자세히 알아볼 수 있게 되었다. 이제 두 위격의 하느님이신 성자와 성령을 통해서 하느님 아버지를 알아보게 된 것이다. 이는 마치 우리의 눈으로 분간하기 어려운 두 개의 어렴풋한 그림을 담은 입체적인 영상에서 얼핏 두 개의 그림을 보는 듯하지만, 실제로는 **하나**의 그림으로, 그러니까 이제는 오감으로 느낄 수 있는 어엿한 생기와 심오함이 물씬 배어 있는 실물에 가깝게 알아보는 것과도 같다. 성령께서 하느님의 모습을 입체적으로 묘사하는 기술을 통하여 우리는 성부에 대해 더 많은 것을 경험할 수 있게 되었지만, 동시에 성자에 대해서 그리고 성령 자신에 대해서, 그래서 삼위일체이신 하느님에 대해서 더 많은 것을 경험할 수 있게 되었다.

성령께서 언제든 성부에게서든 성자에게서든 그때마다 그분들의 살아 계신 위격적인 존재로서의 영이 아니라고 생각한다면, 성령께서는 우리가 흔히 우리 자신을 간혹 무미건조하게 만들어서 이론적으로만 살피다가 급기야는 그저 어떤 추상적인 생각의 절정에 이르고 마는 그런 고유한 속성들이나 작용들 혹은 에너지(기, 氣)와 같은 다양한 형태들 가운데 하나로 우리에게 비쳐질 것이다. 그런 까닭에 당장 그렇게 비치는 성령의 추상적인 모습을 걸러서 삼위일체 하느님의 내적인 완전한 생명을 구체화하는 의미로 새겨들어야 할 것이다. 왜냐하면 성부께서는 [일찍부터 변함없이] 성자의 공적인 발현(공현, 公顯)을 통하여, 성령의 보내심을 통하여 우리의 신앙 자체가 삼위일체적인 생명력으로 활기를 띠었으면 하고 바라시기 때문이다. 그분께서는 삼위일체 하느님에 대한 우리의 신앙이 이차원적-이론적인 형식에 머물러 버리거나 하느님께서 스스로 당신 자신을 드러내실 때 마주하는 상대 위격과 거리를 둘 때에만 그리고 그런 한해서만 우리가 그분을 하나의 단일한 위격으로 이해하는 것을 바라지 않으신다. 오히려 우리는 저마다 자신을 드러내시는 (세) 위격의 하느님께서 저 삼위일체성 안에서 나머지 다른 두 위격의 하느님과 함께하시며 그로써 그분들의 무한하신 신적인 위대하심을 고려하면서 설령 불완전하게라도 삼위일체의 하느님을 인식할 수 있도록 유념해야 한다. 이때 저 삼위일체성의 하나 됨을 사랑의 외적인 표지로 이해할 수 있다.

만일 우리가 이에 대해 우리의 인간적인 경험을 토대로 묘사한다면, 모름지기 우리가 서로 나누는 사랑 개념을 가지고 시작할 수 있을 것이다. 그러나 이때 어느 하나로만 일방적으로 파악될 리 없는 **사랑하는 이**와 **사랑받는 이**라는 개념으로 시작할 수 있다. 만일 제삼자가 [사랑의 관계 밖에서] 사랑받는 이를 이해하려 든다면, 사랑받는 이가 그에게 이렇게 말할 수 있다.

"나 자신뿐만 아니라 나의 삶도 당신의 눈으로는 알 수 없을 것이오. 오히려 사랑받는 나를 알기 위해서는 사랑하는 이를 더 많이 알아야 하기 때문이지요. 사랑하는 이를 모르고선 사랑받는 나의 삶과 작용, 나의 고향과 나의 위치 및 실체가 왜곡되고 말 것이라오. 내 곁에서 관찰되는 모든 것은 오직 사랑에 의해서만 유효하게 이해될 것이기에, 사랑 없이는 사랑받는 나에 대해 생각하는 모든 이미지는 신기루처럼 사라져 버릴지도 모르지요."

이와 동일한 내용을 틀림없이 사랑하는 이가 자신의 입장에서 이렇게 말할 것이다.

"나는 사랑받는 이 없이는 아무것도 아니라오. 그래서 만일 나의 외적인 행위가 모두 사랑으로 파악되지 않는다면, 내가 항상 설명하려는 것에 진실과 생명이 빠져 버리는 격이 될 것이오! 사람들이 나를 유별난 사람으로 규정하고 싶을지 몰라도, 그래서 혹여 아름다운 주변 경관을 배경으로 서 있는 나를 매우 인상 깊게 바라볼지 몰라도, 나는 나의 자유와 내가 존재하는 기쁨도 모두 단념했다오!"

만일 인위적으로 주변 경관을 지워 버린다면, 당장 그(사랑하는 이)는 우두커니 거기 홀로 남아 한때 매우 인상 깊게 보았던 그의 모습이 더 이상 눈에 들어오지 않을 것이다. 언제, 어디서 그의 모습이 포착되었는지조차 그 자신은 물론 아무도 더 이상 말할 수 없게 될 것이다. 만일 사람들이 그때 그 순간의 그를 기억하노라면, 그는 이렇게 말할 것이다.

"나는 그때 주변 경관에 흠뻑 빠졌고 그 경관과 혼연일체가 되려고 당시 나의 삶을 이끌었고 내가 기억 속에 오랫동안 간직하고 싶었던 그 모든 것들과 하나가 되려고 노력했었지요."

그러므로 [이 같은 사랑의 관계 속에서] 우리가 성부의 사랑과 성자의 사랑이 서로 주고받는 맞교환 혹은 친교 개념 아래서 성령을 이해하자면, 그렇게 성부께서는 성령과 함께 성자를 보시길 원할 것이니, 성자 역시 성령과 함께 보여 주신 성부의 모습이 완전하다는 것을 알아보실 것이다. 앞에서 잠깐 언급한 사례(사랑하는 이와 사랑받는 이)를 따라서 다시 보자면, 성자와 성령께서는 성부의 주변 경관이요, 그분께서들이마시는 공기와 같다. 그러므로 만일 성자께서 "너희 아버지께서 완전하신 것처럼 너희도 완전한 사람이 되어야 한다."(마태 5,48)고 말씀하시거나 "아버지의 뜻이 하늘에서와 같이 땅에서도 이루어지게 하소서."(마태 6,10) 하고 우리가 기도하길 원하신다면, 이때 전제되는 성부의 이미지는 성령의 파견을 통해서 비로소 완전해지고 강력하게 드러날 것임을 알 수 있다. 왜냐하면 성령께서는 비록 성자로부터 우리에게 파견되신다고 하더라도, 성부에게서 오시며 다시 성부에게로 되돌아가시기 때문이다. 그러니까 성자의 목적이 우리를 성부께 가까이 데려다주시는 것이라고 본다면, 바로 그와 유사한 움직임을 성령께서도 취하신다는 뜻이다. 그리고 우리가 성자를 눈으로 볼 수 있음으로 말미암아 잘못 해석하고, 또한 성자에게서 목격되는 인간적인 것으로 인해 신적인 것을 간과해 버릴 위험에 늘 처해 있기 때문에, 성령께서는 [우리에게] 파악될 수 없는 모습을 취하시고, 이처럼 성령의 '오직 영으로 존재하심Nur-Geist-Sein'이 한편 성자의 이미지를 더욱 심화시킬 뿐만 아니라 다른 한편 성자의 사람 되심에(만) 한껏 편중될 가능성을 미연에 차단한다. 성령의 과제는 성부와 성자를 알려 주는 데에 있으며 성령께서는 이 과제를 철저히 수행하신다. 그리하여 우리를 보다 더 성숙한 신앙과 연대하여 하느님에 대해 한층 더 깊이 이해하도록 이끌어 주신다. 이때 **보다 더 성숙한 신앙**이란 우리의 의지를 보다 더 완벽하게 바치는 희생, 보다 더 아낌없이 신뢰하는 것을 의미한다. 그리고 **한층 더 깊은 이해**는 하느님을 드러내는 이미지와 그 이미지의 활용으로 훨씬 더 나은 통찰을 갖게 되는 것을 의미한다. 이 두 가지(보다 더 성숙한 신앙과 한층 더 깊은 이해)를 토대로 성령께서는 우리를 더 견고하게 붙들어 주실 수 있다. 그리하여 우리가 실패하는 경향이 뚜렷한 자리에서도 성령께서는 우리를 성부와 성자 곁에 더 가까이 이끄시는 예상 밖의 성공을 거두실 수 있다. 우리 안에 움직임이 없는 것을 움직이게 하시고, 완고하게 굳어 버린 것을 부드럽게 만드시며, 우리가 더 이상 번복하지 않도록, 또 쓸데없는 의심에 들지 않도록 우리를 온전하게 변화시키실 것이다. 왜냐하면 그처럼 필수적으로 요구되는 중요한 인식은 이제 하느님께 달려 있기 때문이다.

그처럼 (신앙도 이해도) 견고해져 가는 중에 신앙인은 성령을 한 가지 형식 안에서 체험하게 된다. 교회적이고 동시에 부성애적인 형식 안에서 말이다. 교회적인 것은 그 형식이 **성사**이기 때문이요, 부성애적인 것은 성령께서 신앙인의 영을 성부께로 개방하기 때문이다. 만일 어린아이가 종교적인 그림들을 보고 이해하기 시작한다면, 엄마는 예수님의 어린 시절과 성모님에 대한 이야기를 아이에게 들려줄 것이다. 그로써 아이의 영 안에 그 모습들이 제각각 고유한 모습으로 자리 잡게 될 것이다. 어린 시절 예수님도 다른 아이들과 마찬가지로 아이셨다. 다만 죄악을 저지르지 않으시고 다른 아이들을 선도하거나 용감하게 행동할 수 있으셨을 것이다. 나머지 다른 모습들도 그와 유사하다. 모든 상상은 피상적이고 즉흥적이기 쉽다. 특히 어린아이들의 세계가 그런 상상의 세계와 잘 어울린다. 해변에서 놀고 있는 아이는 수천 개의 개별적인 인상들을 수용한다. 자신이 갖고 노는 모래 더미와 바닷물에 담근 자신의 몸에 쉴 새 없이 다가와 부딪히는 파도, 저 멀리 오가는 크고 작은 모습들의 배가 아이의 눈에 들어올 것이다. 그렇게 썰물과 밀물의 반복된 파도가 바위 위로 솟구쳐 올랐다가 다시 가라앉는 모습을 지켜보면서 아이는 자신도 모르게 여러 가지 경험을 쌓을 것이다. 아이가 점점 커 갈수록 배움도 많아질 것이다. 바다의 일몰을 지켜보거나 아득하게 보이는 드넓은 수평선을 경이롭게 체험하는 가운데 말이다. 그러나 바다가 보여 주는 그 모든 현상들을 경험하는 일은 어른이 되어서도 필요하다. 더구나 눈으로 모두 다 볼 수 없는 성난 바다의 위력이나 심해 깊은 곳에 감춰진 미지의 세계, 해양 전문가들조차 매번 계속해서 숨이 탁 막힐 정도로 새롭게 접하는 경험, 그래서 결코 그 어떤 형식으로도 표현할 수 없는 신비 가득한 것들이 여전히 바다에는 존재하기 때문이다.

이와 유사한 것들이 성령 체험 중에도 일어난다. 지금까지 이어 온 그리스도인의 삶 속에 서로 연결 고리를 찾을 수 없는 형상들이 성부를 향해 수렴될 것이다. 이때 우리가 가진 온갖 개념들은 제 기능을 멈추고, 그동안 우리가 알고 지낸 사이에서 엮어 낸 이름들이 그저 유명무실해지면서 우리의 영 안에서 성부의 신비가 고개를 들기 시작할 것인데, 그것은 성령을 통하여 알려지게 되고, 그분을 통해서만 알아들을 수 있게 될 것이다. 성령께서는 성부의 신비를 향해 사람들의 영을 이끄실 때 아무런 제약을 받지 않으신다. (믿음이) 견고해졌다는 것은 신앙인이 소위 인간적인 닮음(비례)을 통해서는 더 이상 파악할 수 없는 하느님의 초자연적인 신비의 세계로 온전히 받아들여졌음을 뜻한다. 그것은 모든 자연적인 세계상을 뛰어넘어 "저 너머로 나아감 das Darüber-Hinaus"이 허락된 일종의 축성祝聖을 가리키며, 우리가 성부에 대해 알고 또 말로 표현할 수 있는 그 모든 것이 그분 안에선 무한정 다르고 또 훨씬 더 위대하게 존재한다는 사실을 통찰할 수 있는 능력을 마침내 갖추게 되었음을 뜻한다. 신앙인에게 이같은 통찰은 더 깊은 믿음을 촉구하는 초대와도 같다. 그래서 그는 단지 새로운 신조信條들을 고대하며 우두커니 서 있을 수만은 없어서 헤아릴 수 없는 신비를 **이미 헤아린 것들** 안에서 어렴풋하게나마 기꺼이 살피려고 달려간다.

한편 성자에게서 파견되시고 성사 안에서 작용하시는 성령께서는 교회의 유효한 이미지를 주선하시기도 한다. 교회가 성령을 중재할 때, 교회는 성자께서 앞서 마음에 두셨던 바로 그 모습을 자신에게 구현시킬 수 있었던 성령의 힘을 [사람들에게] 전달한다. [사람들의 신앙을] 견고하게 다지는 일을 돕는 가운데 교회는 성자와 성부께 훨씬 더 성심껏 순종하는 점에서 자신도 풍요로워진다. 교회는 성령을 통하여 삼위일체 하느님의 사랑을 세상에서 무엇보다도 가장 분명하게 드러낼 것이다.

성령께서는 성자에 의해 파견되지만 우선 성부께로 복귀하시는 것을 염두에 두실 것이다. 그러므로 성령을 보내실 때에 성부와 성자께서 나란히 함께 계신다는 사실이 무엇보다 중요하다. 성령의 파견은 성자께서 이 세상을 위해 맡으신 소임을 완료하신 후 그것을 성부께 돌려 드리는 과정의 일환이다. 그러므로 성령께서 강림하시는 사건은 성자의 파견을 확증하는 조인調印과도 같다. 그러니까 성부로부터 [맡겨진 파견 및 당신 사랑에 대한 계시를] 성자와 함께 성령께서 받아들여 완수하신다는 표현이다. [그러니까] 이 세상에 당신 자신을 밝히시는 삼위일체 하느님의 사랑이 완성되었음을 드러내는 표지다. 그 때문에 견진성사는 자신들을 계시하시는 삼위의 하느님께서 동시에 최대한으로 서로 구별되시는 가운데서도 특별한 방식으로 이같이 하나를 이루는 그분들의 사랑을 잘 드러낸다. 하느님의 사랑은 어떻게든 전달될 것이고, 그로써 신앙인도 똑같은 사랑으로 하느님을 사랑할 수 있다. 그 사랑은 완전히 순결한 사랑이다. 왜냐하면 완전히 자기를 희생하는 사랑이기 때문이다. 성자께서 당신 자신이 아니라 성부를 계시하시기 위해 이 세상에 오셨던 것처럼, 그렇게 성령께서도 단지 당신 자신을 돋보이게 하시거나 자신의 이름으로 매사를 처리하시기 위해서가 아니라 성자의 이름으로 성부를 새로운 방식으로 알려 주기 위해서 파견되셨다. 그리하여 [성령께서는] 하느님 안에서 생기 넘치는 그 사랑이 우리 안에서도 생기가 넘치길 바라신다.

6장

성자의 유한하심과 무한하심

성부께선 성자의 '강생'이 뭇사람들의 탄생과 달라야겠기에 동정녀 마리아를 원하셨고, 태어날 아기와 특별한 관계를 맺고 계심을 알리기 위해 큰 별을 활용하셨다. 그 별을 쫓아간 세 왕들은 그동안 몰랐던 순종을 배워 익힌다. 맹목적인 복종이 아니라 오히려 눈을 뜨고 따르는 순종이다. 볼품없는 갓난아기 곁에서 당신 자신을 감추시는 성부의 모습이 이제 성자께서 보여 주시는 하느님 아버지의 모습이다. 우리가 쉽게 알아보지 못하는 하느님 아버지의 모습은 그렇듯 부재를 통해 계시되는 모습이다. 그와 마찬가지로 마침내 십자가상에서 버림받으심을 경험하시면서도(마태 27,46) 마지막까지 성부를 바라보는 성자의 태도가 그리스도교의 신앙이 될 것이다. 바꿔 말해 우리가 주님으로 모시는 성자께서는 성부께로부터 파견되어 그와 동행하시는 성령과 함께 직관(바라봄)에서 시작하여 버림받음으로 나아가는 움직임 가운데 존재하신다. 그렇게 사람이 되신 성자께서 성부와 성령과 맺으시는 관계는 추상적인 어떤 것이 아니다. 그리스도인에게 그 신앙 진리를 증거하는 일은 필수다. 자신이 믿음을 통해 얻은 경험들을 도구 삼아 구체적으로 진리를 바라볼 수 있도록 전해야 하지만, 교회가 정한 테두리 내에서 행해져야 한다. 교회를 신뢰하고 그 안에 머물러야 하는 까닭 가운데 하나는 마치 신랑이 남다른 시선으로 바라보는 '반려자'처럼 성자께서 교회를 당신의 신부로 삼으셨기 때문이다. 그래서 교회는 덧없는 세상에서 자신을 감추고 있는 영원의 번뜩이는 섬광과 같다. 그의 신랑이 무한하신 하느님의 사랑으로 교회를 세웠기 때문이다. 그러므로 궁극적으로 그리스도인은 성자 안에 내재하는 신적인 무한성이 자신의 유한성을 거들어 주어야만 한다는 사실을 기억해야 한다. 반복하여 말하지만, 우뚝 솟은 십자가에서 마침내 이루어진 최종적인 고양高揚은 인간이 지닌 생각 및 개념들의 해체만이 아니라 그리스도의 죽음 안에서 보여 주는 그분의 유한성에 대한 해체요, 지상에서 누리는 그분의 무한성이 성부의 무한성에 영입되었음을 웅변한다.

구약 성경 전체 안에서는 성자께서 성부 안에 머물러 계신다. 성자의 도래를 알리는 예언들이 적지 않다. 때때로 환시적인 방식으로 하늘에 머무르시는, 그러니까 당신 자신을 계시하시는 하느님(아버지) 곁에 그리고 그와 마찬가지로 하느님의 영 곁에 머무르시는 성자의 현존에 대해 언급한다. 성자께서 공공연하게 등장하시게 될 때가 아직 차지 않았기 때문이다. 때가 차면 성자께서 작은 아기의 모습으로 나타나실 것이다. 그의 신성은 천사가 나타나서 마리아에게 알릴 것이고 큰 별이 나타나 [세상의] 왕들에게 알릴 것이다. 하느님께선 당신 아드님의 **사람이 되심**이 뭇 사람들의 경우와 달라야겠기에 마리아의 동정성童貞性을 원하셨고, [태어날] 그 아기와 특별한 관계를 맺고 계심을 알리기 위해 큰 별을 활용하셨다. 그것은 달리 말해 천체가 자신의 법칙성 일부를 포기하고서라도 성자를 알리겠다는 의지를 보여 준 것이기도 하다. 그 별은 [세상의] 왕들에게 단지 그들의 신앙을 고무시키는 초자연적인 어떤 것으로서만이 아니라 세상이 모든 방법을 동원하여 산정할 수 있는 최대한의 기대(바람)로서 그들의 영이 무릎을 꿇어 경배해야 할 만큼 매우 놀라운 표징이다. 그들에게 하늘의 놀라운 힘을 알려 주는 그 별을 통해서 장차 나아가야 할 올바른 길이 그들 앞에 밝히 드러난다. 그들은 그 별을 쫓아간다. 그렇게 지금까지 전혀 몰랐던 순종을 배워 익힌다. 그 순종은 결코 맹목적인 순종이 아니다. 아니, 정반대로 눈을 뜨고 따르는 순종이다. 왕들이 그 큰 별에서 눈을 떼지 않고 주시함으로써 길을 찾듯이 그 순종은 이미 '바라봄Sicht'이요, 마침내 제대로 그분의 바라봄, 곧 성자의 직관 안으로 흘러들어 가는 순종이다.

이 바라봄은 거의 선지적先知的인 성격을 띤다. 사실 세 왕들은 아기를 아직 보지 못했다. 그 갓난아기는 낡은 마구간의 허름한 구유를 침대 삼아 누워 있다. 이 같은 가난과 초라함을 깨부숴 버린 첫 번째 것이 바로 저 왕들이 바친 선물들이다. 믿음 없이 이 광경을 바라본다면 쉽사리 이해가 되지 않을 것이다. [세상의] 내로라하는 세도가들이 초라하기 짝이 없는 아기에게 어울리지 않는 선물을 바친 것처럼 보인다. 왜냐하면 그러한 선물들은 당장 아기에게 필요한 것도 아니요, 더욱이 당시 그 아이의 처지를 볼 때 분에 넘치는 값진 물건이었으며 그 어떤 왕도 그렇듯 볼품없는 갓난아기에게 표할 리 없는 예의를 갖추며 경배하였기 때문이다. 그들의 왕권과 부유함은 아기를 바라보는 순간 그 귀중함을 포기한 것이다. 그들은 하느님의 권위 앞에서 자신들의 권위가 하찮은 것임을 자각하듯 초라한 아기 앞에 무릎을 꿇었다. 그들의 무릎 꿇는 행위는 오롯이 인간이라는 본래적인 위치에서 하느님과의 관계를 회복하려는 자세를 함의한다. 그들이 우리에게 보여 주는 신앙은 자신이 가진 모든 것을 그 아기의 발아래 내려놓는 것이었다.

그 갓난아기의 공현과 동반된 초자연적인 현상은 하느님께서 원하신 방식으로 [세상의 구원이] 고지되었음을 시사한다. 갓난아기가 천사들과 큰 별과 귀한 선물들로 둘러싸여 있는 그 자리는 온갖 화려한 것들로 꾸며진 한복판에 놓인 빈자리를 상징한다. 이 세상에서 더없이 찬란한 광채가 빛을 잃고 영롱한 별이 제 빛을 잃는 자리다. 그 자리에 놓인 갓난아기를 바라본다는 것은 믿음을 뜻하기에, 그것은 **바라보는 이의 신앙**을 가리키며, 그 바라봄은 성부를 향해 눈을 떼지 않으시는 성자를 온통 향해 있는 것이기에, 신앙인들 역시 다른 생각 없이 그분만을 바라보겠다는 것을 의미한다. 이는 곧 교환의 연속이다. 볼품없는 외모의 갓난아기가 한편 우리로서는 눈치조차 챌 수 없는 벌거벗은 하느님의 모습이라면, 그럼에도 그런 [초라한] 갓난아기 혼자가 아니라 그 아기 곁에 함께 계시면서 아기의 모습으로 드러나신 성자에게서 당신 자신을 감추시는 성부의 모습이 또한 성자와 끊임없이 사랑을 주고받으시는 성부의 모습이다. 이는 성자에게서 깨닫게 되는 성부에 대한 새로운 통찰을 의미한다. 사람이 되신 분의 통찰은 이 지상에서 저 하늘에 계신 성부를 직관하는 것이요, 그런 점에서 단지 **열려 있는 하늘나라**가 아니라 진실로 성부를 알아볼 수 있음을 뜻한다. 그래서 저 영원한 하늘나라에 나아갈 것을 앞당겨 확실하게 상상하는 정도가 아니라 저 하늘나라에서 영위하게 될 삶에 근거하여 이 지상에서의 삶을 성실히 다져 나가야 함을 함의한다.

그러나 성자께서는 완전히 사람이 되고자 하시는 만큼, 그분의 추종자들에게 최고의 모범이 될 자신의 영적인 태도를 이 지상에서 하느님의 아드님으로서만이 아니라 모든 면에서 사람의 아들로 존재하기 위해 꾸준히 고수하신다. 성자께서 당신의 아버지를 바라보시는 그 직관에는 십자가상에서 "저의 하느님, 어찌하여 저를 버리셨습니까?"(마태 27,46) 하고 외침으로써 마침내 자신의 소임을 완수하는 순간까지 이어지는 전체적인 결행決行이 내재한다. 이러한 전체적인 결행은 당연히 인간적으로 추정할 수 있을 정도로 자연스럽게 발전해 나가는 추이推移를 통해서가 아니라 오히려 성자께서 그토록 철저히 버림받음을 느끼는 자리에서조차 자신의 희생을 완성하시려는 의지로써 [장차] 자신이 처하게 될 [위기적인] 상황들과 기꺼이 맞서겠다는 결연한 태도를 통해서 얻게 되는 결과다. 그리하여 바라봄과 버림받음 사이에 놓여 있는 우리 신앙인은 그분에게서 하나의 모범적인 형식을, 나아가 그분의 추종자들에게서 소위 **신앙**이라 불리는 그것을 얻어 들어야 할 것이다.[3] 그리스도를 뒤따르는 모든 추종은 바라

---

3 이 문장은 뒤에 이어지는 입장을 해명해 주는 열쇠다. 그리스도께서는 그리스도교 신앙을 [앞서] 지니신 분은 아니다. 왜냐하면 그분은 성부에 대한 직관을, 그러니까 결과적으로 밤(어둠)과 버림받음이란 형식을 수용하는 신앙을 지니시기 때문이다. 그에 반해 그리스도교(추종자들)의 신앙은 자명하게도 그리스도의 행동거지 및 모

봄과 버림받음, 그 중간 어딘가에서 행동하는 것임에 틀림없다. 분명 그 중간 지점이 때로 이리저리 옮겨지더라도, (개인마다 있을 수 있는) 그 모든 편차에도 불구하고 그 중간 지점이 진정한 의미에서 그리스도교 신앙이 될 것이다. 이때 그 중간 지점은 성자께서 사람의 신분으로 자신의 탄생과 죽음 사이에서 겪으시는 경험에서 나온 것임을 전제하고서 고려되는 어떤 것이다.

신앙인은 자신의 일상 중에 행하는 것, 곧 사고하고 행동하는 것이 전적으로 이 지상에서 펼쳐지는 삶에 속한다고 보면서도 그것을 동시에 믿음 안에서 행하는 사람이다. 그는 하느님께서 자신의 행동을 지켜보신다는 사실과 그의 일거수일투족이 그리스도인의 실존을 만든다는 사실을 자각하는 사람이다. 신앙인은 신앙 고백과는 완전히 딴판인 세상의 무언가를 좇으려는 욕심에 자신의 신앙을 한순간조차도 포기

범, 곧 사람으로서 맞이하게 되는 상황에 기꺼이 적응하시는 그분의 태도에서 직접 유래한다. 바오로 사도는 그 때문에 그리스도를 "우리 믿음의 영도자이시며 완성자"(히브 12,2)라고 일컫는다.

할 수 없는 사람이다. 그러나 그의 삶은 [다른 이들의 눈에] 마치 하느님께서 그의 곁에 존재하지 않으시는 것처럼 비쳐질 수 있다. 그것은 그가 하느님께서 곁에 계시더라도 그와 다르게 행동할 수 없다고 마음먹고 행동한다는 말이기도 하다. 그것은 믿음을 전제하지 않은 이성 앞에서든 초자연적인 신앙 앞에서든 어떤 경우든 정당화될 만한 행동이라고 말할 수 있다. 그러니까 하느님에게서든 신앙이 없는 사람에게서든 똑같은 방식으로 좋게 인정받을 수 있는 행동이란 뜻이다. 다만 그러기 위해 그는 반드시 한 가지 태도에 대해 결정해야 한다. **신앙의 태도** 말이다. 성자께서도 꾸준히 한 가지 태도를 고수하셨다. 성부의 뜻을 변함없이 끝까지 수행하셨듯이 말이다. 그분은 자신의 아주 미미한 인간적인 행동조차도 성부의 뜻을 이루기 위해 취하신다. 그와 같이 신인神人으로서 기꺼이 순종하신 태도가 그리스도교 신앙의 원천적인 토대다. 십자가의 성 요한과 같이 믿을 만한 신비가들에게서 우리는 정확하게 묘사한 진리를 엿보게 된다. 어떻게 그들이 영혼의 어두운 밤에 **버림받음**을 경험하게 되는지 또한 그럼에도 어떻게 하느님에 대한 **바라봄**이 [꾸준히] 이뤄지는지 말이다. 그리하여 우리는 어두운 밤과 바라봄, 둘 다 그리스도교 신앙의 힘으로 둘러메듯 동반해 왔고 또 그러한 신앙 안에서 거듭 태어났음을 알고 있다. 성자의 삶에는 그것이 거꾸로 이루어진다. [다시 말해] 그분은 스스로 바라보심과 버림받음의 최고 절정(극단적인 순간)까지 경험하셨고, 그것을 그리스도의 추종에 내포된 필수 형식으로 옮겨 놓아 **신앙**이라 일컫게 하셨다. 그리하여 그 신앙을 성자의 삶 속에서 꾸준히 동행하시는 성령의 작용 아래 놓으셨다.

이 모든 것을 우리는 성자께서 사람이 되시는 과정 안에서도 인식할 수 있다. 그분은 이 삼중三重의 관계 안에서 부단히 지상 생활을 이어 가셨는데, 그 관계는 이미 성모 마리아의 잉태 때 드러난 삼중의 관계를 모범 삼은 것이다. 그 삼중의 관계(성)는 마리아가 신앙인이자 봉헌자로서 하늘의 천사를 맞이하여 그 소식을 전해 듣는 직관의 순간 당장 성령께서 그녀에게 임하시는 잉태 사건에서 여실히 확인된다. 그리하여 만일 성부께로부터 파견된 성자께서 이제 성령에 의해 (성모님의) 태중에 들어서 우리와 함께 머무르는 사람이 되신다면 성자께선 이미 이 같은 '되어 감^{Werden}'[4] 안에, 곧 이 지상에서 존재를 취하게 되는 그런 지평 위에서 자신을 드러내 보이신 것이다. 그러니까 성부를 통해 파견된 하느님의 현존(성자)은 그와 동행하시는 성령과 함께 직관(바라봄)에서 시작하여 버림받음으로 나아가는 동선 가운데에 존재하는 셈이다. 이때 저 동선에 올라서는 일은 (주님의) 추종자들에게(도) 위임되었으니, 그들의 신앙을 위한 영적인 태도를 곧추세우는 터전으로 이해될 수 있다.

그리스도교 신앙은 그 원형을 성자에게서 취하는 까닭에, 우리 능력으로 삼위일체 하느님에 관하여 순전히 사유^{思惟} 대상의 차원에서 접근할 수는 없다. 그래서 하느님 안에 일정 거리를 두고 세 위격을 형식화하는 그런 가르침을 우리가 주도적으로 마련하진 못한다. 사람이 되신 성자께서 성부와 성

---

[4] 철학사에선 일찌감치 '있음'과 '되어 감'이라는 근본적으로 서로 구별되는 대조적인 존재 방식 및 용어 활용이 발달해 왔다. 예컨대 본격적인 서양 철학의 선구자로 평가되는 플라톤은 가시적인 세계(지상)에 머무는 것들은 '시간을 따라 점차 변화하는, 곧 되어 가는(Being) 것들로', 비가시적인 세계(천상, 이데아)에 머무는 것들은 변함없이 '영원한, 곧 항상 있는(Be) 것들'로 표현하였다(플라톤, 《티마이오스》에서). — 역자 주

령과 맺으시는 관계는 추상적인 어떤 것이 아니다. 저 천상에서 영원으로부터 존재하는 삼위의 관계는 이 지상에서 생활하시는 성자에게도 결코 중단되는 경우 없이 항상 유효하다. 그 위격의 신성이 성자께서 누리시는 생생한 영적인 생명인 것은 분명하다. 따라서 저 위격의 신성 역시 영원하신 성자의 본성에 속하는 만큼, 언제까지나 성부를 향해 눈을 떼지 않으시는 그분의 인성과 동화되어 성자의 위격 안에 함께 자리한다. 그리고 그렇게 그분의 인성은 다른 모든 사람들의 인성과 동일한 본성이란 점에서 하느님 아버지에 대한 성자의 경험이 우리와 같은 사람들에게도 가능한 경험 가운데 하나로 정형화된다. 성자께서 몸소 [하느님의 뜻을] 드러내 보이시면서 동시에 그분 자신이 곧 하느님의 말씀으로서 교회 안에 남겨 놓으신 완벽한 경험이란 가르침 안에서 그분 혼자만의 이름이 아니라 그분과 함께 성부와 성령의 이름으로 사람들을 위해 자신이 하늘에서 강생하는 순간 가져오신 것과 이 지상에서 살아가면서 사람으로서 겪게 되는 경험으로 다져 오신 것을 사람들에게 나눠 주실 것이다. 만일 우리가 성자의 강생을 단순히 육䧺으로 덧입혀진 것처럼 제한적으로 해석하고자 한다면, 그것은 완전 오역이다. 성자께서는 본시 자신의 영혼을 통해서 모든 이의 죄를 없애시고, 그와 더불어 새로이 그분께서 겪으신 것들을 내어 주시기 위해 사람들의 경험들 또한 모아들여 그 자체로부터 변화시킴으로써 모든 이를 해방시킨 '(참)사람'이시다. 그분은 당신 자신을 위해, 곧 성부께서 맡기신 소임을 다하기 위해 하느님을 바라보는 행위(직관)를 중단하지 않으셨다. 또한 마지막까지 십자가에서 버림받는 경험을 마다하지 않으셨으니, 그것은 곧 성부께 끝까지 순종하셨음을 뜻한다. 한편 성자께서 자신의 탄생부터 죽음에 이르기까지 그 사이에서 사람들에게 선사하신 것은 자신이 신인神人으로서 겪은 하느님에 대한 경험이다. 그 경험은 우리에게 사람다움 혹은 사람의 척도를 자각하게 해 주는 것으로서 우리 안에 신앙으로 남아 있다.

만일 그리스도인이라면 누구든지 신앙으로 인도하도록 노력해야 하는데, 이때 인도하려는 상대방에게 신앙 진리를 증거하는 일은 필수다. [그러나] 비록 그런 소임을 가진 그리스도인이 신비가라고 하더라도, 상대방을 급하게 신앙으로 이끌기 위해서 그렇듯 자신이 경험한 환시를 직접 설명하지는 않을 것이다. 자신의 스승이 여전히 기도하는 것을 이해하지 못하고 또 동일한 방식으로 은총을 받지 못할 경우 그 스승은 거의 아무런 예감이나 영감도 줄 수 없는 기도 경험들을 간직하고 있다고 제자들은 보통 생각할 것이다. 한편 교사가 보편적인 신앙 진리를 가르치려고 할 때, 당연히 그의 개인적인 신앙 경험과 연계하지 않고서는 가르치기가 쉽지 않다. 그는 자신이 전해야 할 것을 추상적인 형식으로 혹은 순전히 책에서 읽은 것들을 가지고서 가르치는 것이 바람직하지 않음을 의식할 것이다. 오히려 자신이 믿음을 통해 얻은 경험들을 도구 삼아 점차 구체적으로 진리(구원의 실재)를 바라볼 수 있도록 가르쳐야 하는데, 그것은 교회가 정한 테두리 내에서 이루어질 필요가 있다. 그렇듯 지상에서 활동하시던 성자에게서도 그 어떤 경험 형식이란 것이 존재할 것이라고 보는데, 그것은 그분이 당신 제자들에게 그리스도교의 신앙 유산으로 남겨 주실 때 활용하신 형식이 될 수도 있다. 그분께서 우리에게 가르쳐 주신 진리는 신인으로서 자신이 경험한 것은 물론 그것을 담아 전하고자 활용하신 인상 깊은 용어들 및 개념들과도 내적으로 아주 밀접하게 연결되어 있다. 그분께선 이렇게 말씀하시지는 않았다. 예컨대 "내가 (하느님) 아버지를 보는 것처럼 [너희도] 아버지를 볼 것이다!"라거나 "성령 안에서 나는 사람들에게 말을 걸 때마다 사람의 영에 작용할 수 있는 그런 비유들과 언어적 표현들을 [혼자] 고안해 낸다."라고 말씀하시지 않았다. 한편 그분은 자신의 직관 안에 머물러 계시는 동안 그로부터 하느님을 알아보지 못하는 사람들에게 단순히 자신의 말씀을 내어 주시듯 순수하게 외적으로만 행동하시지도 않았다. 오히려 그분은 하느님의 살아 있는 말씀으로서 [미처] 하느님을 알아보지 못하는 사람들의 경험 안으로 파고들어 가 함께 머무르셨다. 그리하여 그분이 우리의 눈앞에서 사람의 모습으로 행동하셨던 것은, 단지 그 말씀도 사람의 모습을 취할 수 있음을 과시하고 싶어서가 아니라 그 모든 소박함과 진실함 안에서 그분이 우리와 마찬가지로 실제 살아가는 같은 사람이란 사실을 보여 주길 원하셨기 때문임을 알 수 있다.

성자와 성령과 함께 하느님 아버지께서는 당신의 무한성

에 아무런 제약을 갖지 않으시기에, 성자께서 사람들이 살아가는 유한한 삶 속으로 강생하실 때에도 그분(성자)의 무한성, 그러니까 하느님의 무한성에 어울리는 그런 무한성에 적합한 표현을 당연히 강구하실 수 있었다고 여겨지는데, 그렇게 드러난 표현이 바로 성자를 통하여 우리에게 선사하신 **신앙**이다.

——— *A. v. Speyr* ———

구약 시대에는 유다인들이 하느님 아버지에 대해 한 가지 상상을 가지고 있었다. 그 상상은 한편으론 이미 세상 창조와 더불어 생겨났고, 다른 한편으론 그들 백성의 운명에 깊이 관여하신 하느님의 개입, 예컨대 당신께서 보내신 예언자들의 외침(경고)과 구원에 대한 약속들을 통하여 형성되었지만, 결과적으로 거기에는 그 백성의 변절을 통해, 곧 그들의 죄악으로 인해 깊게 파인 상흔도 남아 있다. 하느님과 사람은 그럼에도 불구하고 서로 마주하여 서 있지만, 그 사이에 결코 마지막까지 신뢰할 수 없는 관계로 말미암아 좁힐 수 없는 일정 간격을 두어야 했다. 그 같은 불신의 원인은 사람이 하느님에 대한 원천적인 동경을 더 이상 스스로 회복할 수 없었던 데에 있으며, 그로써 매번 하느님과 멀어진 관계에서 다시금 하느님께서 친히 가까이 다가오실 수밖에 없었다. 불신에 놓인 사람은 하느님께서 기꺼이 보여 주길 원하신 모습을 올바로 알아볼 수 없다. 왜냐하면 그는 하느님 아버지를 올바로 바라보지 못하기 때문이다. 그러나 성자께서는 하느님 아버지를 올바로 바라볼 줄 아신다. 그렇게 바라볼 줄 아는 사람으로서 성자께서는 이 세상에 오셔서 줄곧 우리와 함께 사셨다. 그분을 뒤따르는 추종자들이 성자의 바라봄(직관)에서 배워야 할 점은 성부의 뜻에 자신을 전부 내맡긴다는 의미에서 오직 성부만을 바라보고 살아가는 자세다. 당연히 이는 강요된 어떤 행동이 아니라 사랑에 의해 자발적으로 이루어진 전향轉向이어야 한다. 오직 성부만을 바라보며 죽음에 이르기까지 그분께 순종하시는 성자의 '달리 아무것도 할 수 없음das Nicht-anders-Können'은 신적인 사랑의 속성인 **달리 아무것도 할 수 없음**이다. 그럼에도 그 사랑은 베일로 가려진 어떤 신비 속에 묻힌 사랑이 아니라 성자를 통해 훤히 밝혀지는 사랑이다. 당신 자신을 계시하시는 하느님 아버지를 성자께서는 자신의 아버지로 훤히 바라보시니 말이다.

그렇게 사람들은 그리스도교 사랑 안에서 성자를 모범 삼아 올바른 자세를 취할 수 있다. 성부께서 낙원에서 첫 번째 사람들과 말씀을 나누셨을 때, 그들은 성부에게 경이로운 존재 그 이상이었으니, 그들은 성부께서 친히 사랑하는 자들이었기 때문이다. 그들이 성부께 등을 돌린 이래로 그분께서는 더 이상 당신 자신을 드러내지 않으셨다. 다만 당신의 목소리만 들을 수 있도록 허락하셨고, 행동 지침과 반드시 준수해야 할 계명을 공포하셨다. 그렇다고 정녕 하느님께서 그들을 버리셨다고 그들의 입으로 주장할 수는 없었다. 차라리 그들은 바로 자신들이 저지른 죄악(잘못)으로 인해 하느님과 거리를 두게끔 만든 장본인임을 시인해야만 했다. 사람은 자신의 잘못으로 말미암아 하느님을 다시 알아보아야만 했다. 최선의 경우 어떤 전망을 가질 수는 있었지만, 자신의 잘못이 곧바로 깨달음 혹은 영적인 직관으로 이끌 수는 없었다. 왜냐하면 죄를 저지른 사람은 충분히 조명을 받지 않은 상태에서 어떤 그림 앞에서 자신의 눈을 잔뜩 찡그리며 바라보는 모습에 비유되기 때문이다.

신약 시대에 이르러 신앙인은 성자께서 성부를 올바로 바라보시는 것을 보고 깨달았다. 그러나 성자께서는 자신의 바라봄 자체가 아니라 그 바라봄에서 도출되는 **신앙**을 우리에게 중재하신다. 신앙은 하느님을 향해 나아가긴 하지만 중도에 방해받지 않을 수 없기에, 교회는 가르침이라는 프리즘을 거쳐서 비로소 하느님을 만나도록 해 준다. 성부께서 우리에게 베푸시는 은총이자 성자에게서 그러한 직관이란 형식이 간직하고 있는 그것을 우리 곁에선 바로 신앙이란 형식이 내포하고 있다. 왜냐하면 성자를 통해서 이루어지는 모든 중재는 항상 그분이 말씀하신 바와 같이 "나를 통하지 않고서는 아무도 아버지께 갈 수 없다."(요한 14,6)는 원칙 아래서 고려되기 때문이다. 또한 그리스도교 가르침은 성자께서 사람들에게 선사하신 말씀이다. 성부의 품 안에선 성자와 말씀이 하나다. 하지만 성자께서 우리 가운데 사람으로 머무르시는 동안 그분의 실재성에 내포된 두 가지 측면을 구분해서 말할 수 있다. [예를 들어] 성자께서는 한편 그 자체로 살과 피를 지닌 살아 있는 사람이시라는 사실과 다른 한편 그런 사람으로서 성자께서는 성부를 알려 주시는 분, 그런 의미에서 그분이 선포하신 복음과 그분의 삶이 포괄하는 전부가 곧 그분의 가르침이라는 사실이다.

  성자로서 또 가르침으로서 우리 가운데 생생하게 머무르시기 위해 주님께선 교회를 세우셨다. 더욱이 그분은 교회를 당신의 **신부**로, 그러니까 자신의 신랑을 남다른 시선으로 **바라보는** 반려자로 삼으셨다. 교회는 그래서 매우 신비롭고 영적으로 뛰어난 살아 있는 실재다. 하지만 교회는 결코 창조된 위격은 아니다. 만일 그러했다면, 교회도 신랑의 지속적인 직관 안에서 주체적인 입장을 고집할 법도 했을 것이다. 하지만 교회는 그렇듯 일종의 제도로서 성자 앞에서 객관적인 입장에 놓여 있다. 주님과의 관계에서 교회가 갖는 이러한 객관적인 입장을 말해 주는 것이 바로 교회의 직무다. 이 같은 방식으로 교회가 자신의 주님을 바라보는 직관이 보편적으로 유효한 것이 되도록 힘써야 한다. 그래서 개별 신앙인들에게서 주관적인 바라봄의 성격을 띠는 모든 것을 반드시 교회의 규범Norm을 통해 추스르고 조절해야 한다. 주님께서는 이를 위해서 자신의 직관을 이중적인 방식으로 중재하신다. 하나는 그분이 그 자체만으로는 도저히 주관적으로 완성될 수 없는 그런 객관적인 "바라봄"을 교회가 수행하는 직무에다 넘겨주시는 방식이요, 다른 하나는 주관적–객관적으로 작용하지만 교회로부터 인증받아야만 하는 그런 바라봄을 개별 신앙인에게 넘겨주시는 방식이다. 그리하여 이미 그러하듯이 그리스도교 전체에 두루 관통하는 우리의 신앙은 성자께서 성부를 바라보시는 그분의 직관에 근거하여 가장 뛰어난 것으로 선별되고 인증받게 되는 것이다.

성자께서는 교회를 세우시면서 더 이상 자신을 단독으로 계시하지 않으시고, 자기 자신과 교회를 신랑과 신부의 관계를 고려하여 계시하신다. 그리스도와 교회 사이의 이 같은 '나와 너의 관계Ich-Du-Verhältnis'는 세상을 위해 마련된 것으로서 [교회의] 신앙을 위해 적합한 형식 안에다 성부와 성자 사이의 **나와 너의 관계**를 반영한 것이다. 그러므로 만일 성자께서 성부를 계시하시기 위해 이 세상에 오셨다면, 교회는 그렇듯 성자를 계시하기 위해 존재한다. 교회는 성자의 의지를 (알 수 있도록) 드러내는 표지여야 한다. 그것은 성자께서 성부의 뜻을 드러내신 표지였던 것과 같은 이치다. 그러나 성부의 뜻이든 성자가 그러한 표지가 되시든 모두 영원한 신적인 사랑과 직결된다. 그렇듯 교회도 같은 사랑을 보여 주는 현장이다. 개별 신앙인이 자신의 사라져 버릴 인생을 살아가는 동안 성자께서는 그와 같은 사라져 버림(덧없음)을 넘어서 이 세상이 존속하는 동안 우리를 계속 지켜 줄 보루로서 교회를 세우셨다. 그런 의미에서 교회는 덧없는 세상의 삶 속에 자신을 감추고 있는 영원성의 번뜩이는 섬광과 같다. 교회는 그렇게 하나이자 공동체로서 세상에 존재한다. 교회 안에 영입됨으로써 뿔뿔이 살아가는 저마다의 인격이 거룩한 이들의 공동체 안에 굳건한 자리를 얻게 된다. 그 자리는 공동체의 구성원으로 살아가는 자리이자 하느님에 의해서 인격적으로 마련된 자리다.

성자를 통해 바야흐로 성부의 밝히 드러나심은 다시금 새로운 국면을 맞는다. 교회가 세워짐으로써 성자께서는 성부를 사람들에게 개별적으로 알리시며 또한 신앙인들의 공동체인 교회에도 알리신다. 그러므로 성부께서는 한 분이신 성자를 통하여 당신을 사람들에게 계시하시고, 하나인 교회 공동체 안으로 사람들을 모아들이신다. 그래서 이 같은 **하나**로부터 펼쳐지는 구원이 성자의 십자가상 죽음을 통해 **여럿**(많은 이들)에게 중재된다. 물론 오직 성자의 위격 자체와만 연계해서가 아니라 성령 안에서 성부를 계시하시는 성자의 삶과 연계해서도 중재된다. 따라서 교회는 [자신의 위격 자체와 자신의 삶을 따라] 중재하시는 그리스도를 통해 직접적으로 성부와 결합하며, 신앙인들은 성자 안에서 당신 자신을 드러내는 교회를 통하여 성자께서 계시하시는 성부를 알아보게 된다.

―― *A. v. Speyr* ――

성부께선 항상 당신 자신을 계시해 오셨다. 영원으로부터 성령 안에서 성자에게 말이다. 성부께서 창조주가 되셨을 때 혼돈에서 일으키신 세상 창조와 그리스도 강생 직전까지 마련하신 새로운 방식으로서 마침내 한 가지 형식을 따라서도, 곧 첫 번째 사람 안에서도 계시하셨다. 첫 번째 사람 아담은 하느님의 모습을 본떠 만든 피조물이기에 하느님의 모상으로서 마땅히 그 원형이신 하느님을 본받아 살아가야 한다. 한편 아담은 하느님의 편에서 둘째 아담으로 태어나실 성자의 예형으로서 일찌감치 강생하실 성자를 감안하여 창조된 점에서 하느님으로서 사람이 되심은 저 첫 번째 아담의 형식을 참조하셨을 것이다. 이 모든 것은 성부께서 당신의 의지를 그와 같은 방식으로 전달하기로 결정하신 점에서 전적으로 성부의 계시를 의미한다. 아담이 죄를 저질러 그분의 의지를 훼손하였을 때 창조된 세상 안에서 아담은 더 이상 하느님의 순수한 사랑의 표지를 알아볼 수 없게 되었다. 그 때문에 성부께서는 마지막 때에 와서 당신의 사랑이신 아드님 안에서 당신 자신을 계시하신다. 당신의 아드님이 당신의 사랑을 한순간도 단념하지 않고 당신을 조금도 실망시키지 않을 것을 아시기 때문이다. 그것은 어느 누구도 성자 안에서는 항상 그분을 통해 계시된 성부의 사랑과는 다른 어떤 것을 결코 볼 수 없음을 의미한다. 거기에는 [성부와 성자 사이에] 주고받으시는 계시의 특성 하나가 포착된다. 성부께서 성자 안에서 적극적으로 당신을 열어 보이시는 동안, 성자께서도 성부에게 적극적으로 열어 보이신다는 사실이다. 그와 같은 역동적인 모습의 사랑은 창조주와 아담 사이에 죄로 말미암아 손상된 상호 관계를 회복하고도 남을 만큼 넘쳐나는 원동력이 된다. 그처럼 피조물들에게 넘쳐나는 원동력이 되는 까닭은, 그 두 분의 사랑이 더 이상 즉각 고착되어 버리는 경향이 있는 최고의 정적인 폐쇄성이 아니라, 신적인 의지로 살아가는 모든 생명력에 그 터전을 마련해 주는 역동적인 개방성을 특징으로 취하기 때문이다. 성부와 성자가 서로 주고받는 이러한 적극적인 생명력은 성령을 통해 밝혀질 것이니, 곧 저 (성부와 성자의) 관계 안에는 [성령의 강림을 체험한] 신앙인들에게서 엿볼 수 있듯이, 성령에 의해 이루어진 온갖 다양한 형태들을 모두 수용하는 공간이 자리한다는 사실이 드러날 것이다. 그러한 역동성은 결코 서로 뒤엉키거나 뒤섞여 혼재하는 것이 아니라, 오히려 참된 생명을 질서 정연하게 영위하게 하는 힘이자 본질이다. 더욱이 하느님의 생명은 사랑이기 때문에, 신앙인을 위한 삶의 터전은 바로 그 사랑 안에 마련되어 있다.

모든 신적인 계시는 사랑에서 시작하여 사랑으로 마무리된다. 또한 혹여 사랑이 아직 실현되지 않은 곳이 있다고 하더라도, 하느님의 사랑이 그것을 앞서 준비시킨다. 그래서 잠재적인 사랑이 이내 실현되도록 일깨워 줄 것이다. 그런데 성부를 계시하신 사람이 있으니, 그가 곧 예수 그리스도시다. 그분은 이 세상에서 우리가 추적할 수 있는 형상을 취하시고자 무한한 세계에서 넘어오셨다. 이때 사람이 살아가는 일상적인 여건들을 기꺼이 받아들이시어, 그렇듯 겪어 내신 사건들을 일화로 묘사하고 설명하기 위해, 또한 그로써 언제 어디서든 누구나 따라 할 수 있는 행동을 취하시기 위해 우리의 유한성으로부터 유래하는 온갖 한계를 계속 스스로 감당하신다. [그래서] 우리는 그분이 하신 말씀들을 우리의 입으로도 말할 수 있으며, 그분이 취하신 행동들을 그분과 마찬가지로 행동으로 옮길 수 있다. 다만 그분이 자신의 고유한 권한으로 완성하신 것처럼 행동할 수는 없다. 더구나 우리의 신앙은 항상 한계에 부딪힌다. 기껏해야 우리는 결코 그 끝을 알 수 없는 어떤 행동들의 흐름에 편승할 수 있을 뿐이다. 왜냐하면 모방하는 우리의 행동에는 하느님의 생생한 숨결이 부족하기 때문이다. 성자께서 삼위일체 하느님의 생명이란 보고寶庫에서 가져오시어 자신의 한정된 행위로 처리하실 수 있는 완전하고 무한한 능력이 우리에게는 결여되어 있기 때문이다. 한편 성부께서는 성자의 그와 같은 행위 안에서 영원한 사랑을 되새기셨다. 누군가는 그리스도를 위해 신앙 안에서 순교를 불사할 수 있다. 누군가는 그리스도의 죽음을 모방하여 스스로 십자가에 매달려 죽을 수도 있다. 또한 누군가는 희생에 대한 자신의 마음가짐을 통해 그리스도의 정신과 다양한 측면에서 관계를 형성할 수 있고, 그렇듯 초자연적인 세계로부터 어떤 것들을 차용함으로써 이 세상의 한계를 초월할 수도 있다. 신앙은 그에게 확신을 심어 줄 것이며 그의 희생은 그리스도의 희생 안에서 결실을 맺고 유용한 것이 될 수 있다. 그는 흔들림 없는 '예'라는 응답으로 모든 것을 헤쳐 나갈 수 있을 것이니, 그 응답은 인간적인 능력을 넘어서 성자의 수난이 뿜어내는 능력으로부터 새롭게 힘을 얻어 모든 어려움을 이겨 내도록 해 줄 것이다. 이때 그는 (그리스도의 희생을 지향하는) 자신의 희생이 그리스도교적인 [숭고한] 의미로 고양되더라도 자신의 희생 안에 필연적으로 동반하는 그리스도의 희생이 [자신의 것에 비해] 무한하고 비교할 수 없을 만큼 훨씬 더 위대하다는 사실을 잊지 말아야 한다. 그래서 그리스도께서 믿음을 가진 사람의 희생에 함께하심이 그리스도의 희생에 대한 한 인간의 동참을 영원한 척도에서 능가한다는 사실을 명심해야 할 것이다. 그리하여 궁극적으로 그리스도 안에 내재하는 하느님의 무한성이 자신의 유한성을 거들어 주어야만 한다는 사실을 잊지 말아야 한다.

이는 그리스도인에게 일어날 수 있는 은총 가운데 최상의 것이라고 말할 수 있다. 그러나 어느덧 몸에 배어 익숙해진 그리스도인의 삶과 기도 생활 중에도 이 같은 은총을 생생하게 경험할 수 있다. 동참의 신비에 대한 깨달음도 그중 하나인데, 그 동참의 신비는 그것이 신비라는 점에서도 짐작할 수 있듯이 인간적인 것이 지닌 온갖 한계들이나 그 밖의 [나약한] 신앙의 한계들로 인해 결코 한정되지 않을 뿐더러 근본적으로 아무런 제약을 받지 않는다. 우리로서는 도저히 붙잡을 수 없고 결코 상상할 수조차 없는 성자의 무한성에 동참한다는 것은 그로 인해 하느님의 영원성 및 무한성이 우리 곁에 현존한다는 것을 의미한다. 이 동참에 대해 그리스도인은 더 이상 말로 다 표현할 수 없다. 다만 참그리스도인으로 살아가는 이는 그런 것이 존재한다는 사실과 그것이 그리스도교 신앙의 커다란 위안이라는 사실을 깨달을 뿐이다.

성자께서는 성부를 계시하시는 중에 이렇게 말씀하신다.

"나를 본 사람은 곧 아버지를 뵌 것이다."(요한 14,9)

"나를 통하지 않고서는 아무도 아버지께 갈 수 없다."
(요한 14,6)

이와 같이 성부의 모습은 우리에게 감추어져 있다는 인상을 준다. 하지만 앞의 첫 번째 말씀은 성부께서 성자 **안에** 계신다는 의미요, 두 번째 말씀은 성부께서 성자 **뒤에** 계신다는 뜻으로서 하나같이 성자께서 성부를 향해 나아갈 수 있는 "문"이심을 강조하는 가르침이다. 그래서 마치 성부께서는 이 세상과 거리를 두고 계신 것처럼 비쳐지기도 한다. 지상 생활 중에 밝히신 성자의 최종적인 계시는 십자가상에서 버림받음을 알리는 절규였다. 그 절체절명의 순간 성자께서는 자신을 거기에 홀로 남겨 둔 채 더 이상 곁에 계시지 않는 아버지를 온몸으로 드러내신다. 그 모습은 성자께서 그동안 바라보신 성부의 모습도, 그동안 알고 있는 아버지의 모습도 아니다. 차라리 그분이 **알지 못한** 아버지의 모습에 가깝다. 그럼에도 성자께서 그 모습을 [최종적으로] 계시하려 하신 것이다. 그것은 부재를 통해서 계시되는 아버지의 모습이다.[5] 따라서 성자의 계시는 단지 현존의 관점에서만 고려되는 드러냄이 아니다. 오히려 그런 단순한 의미의 현존을 능가하는 드러냄이다. 사실 십자가상에서 보이신 성자의 계시 또한 일종의 현존으로서 당장 더 이상 아무것도 일어나지 않는 현존을 가리킨다. [이는 이제까지 뭔가 일어나는 현존을

---

5   여기서 "아버지의 부재Abwesenheit"는 [그리스도의] 십자가의 신비 안에(도) 다름없이 현존하시는 성부의 '고난-양식樣式'(Leidens-Modus)이다. 이때 언급할 만한 일체의 변화 및 변모는 그리스도의 인성 안에서 일어나는 가변성에 근거해서 이루어진다.

모두 뛰어넘는 현존이다.] 왜냐하면 이제 성부의 무한하심이 그와 같은 버림받음 안에서 확연히 드러나게 되었기 때문이다. 성부께서 한순간 영원성의 끝자락에서 사라지신 듯 보이지만, 그 끝자락은 처음 외에 다른 것이 아니다. 그러니까 성부께로부터 막 낳아지는 순간 (성자께서) 말씀으로서 성부와 함께 계신 그 처음 말이다. 온전하신 모습으로서 성부께서는 그 어디서든 말씀을 낳으시는 성부와 결코 다르지 않으신 분이다. 성부는 온통 성자 안에 계신다. 그럼에도 불구하고 성자께서 그 순간 [십자가상에서] 말씀하셨다면, 다음과 같이 말씀하실 수밖에 없었을 것이다. "[지금] 나를 보는 자는 아버지를 보지 못할 것이다." 사람으로서는 성자께서 완전히 성부로부터 버림받으셨지만, 하느님으로서는 변함없이 성부와 같은 신성을 지니신다. 성자께서는 그때에 또 스스로 더 이상 다음과 같이 기도하실 필요가 없었을 것이다. "제 뜻이 아니라 아버지 당신의 뜻을 이루소서!" 하고 말이다. 왜냐하면 그 자리에선 이미 성부의 뜻이 곧 성자 안에서 모두 이루어졌기 때문이다.

이전부터 그리스도의 유한성에 관한 이야기가 있었다. 그 유한성은 성부의 직관과 [신적인] 무한성에 부분적으로, 곧 제한적으로 참여할 것이란 생각에서 추정된 유한성을 의미한다. 그러나 이제 십자가 위에서 최종적인 고양高揚이 이루어졌다. 그 고양은 단지 최종적으로 적용되는 개념들의 해체만이 아니라 그리스도의 죽음 안에서 보여 주는 그분의 유한성에 대한 해체요, 지상에서 누리는 그분의 무한성이 [결국] 성부의 무한성에 영입되었음을 의미한다. 그것은 성자께서 이제 더 이상 한계가 없으심을, 흠 없이 순결한 상태로 영원과 같은 한순간에 자신의 본모습이 남김없이 적나라하게 드러나셨음을 가리킨다.

7장

교회 안에서 성부와
그분의 계시

처음 하느님의 계시를 사람들은 약속의 차원에서 알아들었으니, 그것은 인간의 상상, 그 이상의 것이다. 창조부터 구원에 이르기까지 서서히 당신을 밝히는 과정은 인간을 당신의 자녀로서 당신 앞에 세우시기 위함이요, 그러한 선택은 순전히 하느님의 뜻이었다. 일찍이 법을 어기는 이들을 상대로 심판하시는 하느님의 엄정함이 충분히 사람들을 두렵게 하지 않아 죄악에서 멀어지게 하진 못했다. 그래서 세상에 성자께서 오신 것이다. 성부의 사랑을 확연히 보여 주기 위해 오셨다면, 이 세상에서 아무도 알지 못한 무언가를 가져오실 것이다. 한마디로 삼위의 하느님께서 함께 나누시는 사랑을 친히 보여 주시러 오신다는 말이다. 그것은 사실 우리가 알아보지 못한 것일 뿐, 달라진 하느님의 모습이 아니기에, 결코 우리를 놀라게 하시려는 것이 아니라 "조용하고 부드러운 소리"와 함께 다가오신다. 인간의 경우 저마다 느끼는 감수성의 차이로 인해 그에 상응하는 반응 기능에도 차이가 난다. 세상의 구별과 질서 그리고 시간의 경과가 필요한 까닭은 인간이 셈할 수 있는 것을 알아볼 수 있기 때문이다. 하지만 하느님께서는 당신 자신을 단 한 번도 갈라 세우듯 구분하거나 셈하지 않으신다. 하늘나라에선 셈하는 일이 없다. 성부께선 성자와 성령과 함께 '하나'이시다. 그것은 사실 숫자가 아니라 하느님의 참되심과 완전하심을 알아듣도록 하려고 표현한 것뿐이다. 그래서 성부께서 성자와 영원히 사랑을 나누시고 성령을 통해서는 그 사랑을 위해 고무되면서 단 한 차례도 경직되거나 정체되지 않고 부단히 움직이신다. 끊임없이 생생하게 움직이는 이 충만한 생명력을 달리 어떻게 표현할 수 있을까? 삼위일체 하느님께서 서로 주고받는 시인是認은 세 위격 각자가 저마다 인정하는 다른 두 위격을 자신 안에 끌어안아 하나가 되는 것을 의미한다. 그럼에도 세 위격은 혼동되지 않는다. 성부의 부성은 세상에서 한시적으로 구분하는 성별의 의미를 뛰어넘어 그분과 맺은 영원한 관계를 말한다. 교회는 이러한 관계가 나머지 다른 속성들(모성애, 친자 관계, 우정 등)과 마찬가지로 성부로부터 비롯한다는 사실을 전해야 한다. 성부와 성자와 성령께서 영원히 서로 주고받으시는 호의적인 응답으로써 결실을 맺는 저 천상의 열매를 맛보는 순간까지 교회는 자신을 봉헌한 신앙인들의 호의적인 응답을 떠맡는다. 마치 마리아의 '예'라는 응답을 성부께서 떠맡으신 것처럼 말이다. 앞서 교회의 결실은 동정녀 마리아에게 기댔고, 마리아는 천상의 은총이 맺어 주는 결실(성자의 잉태)에 기댔다. 교회는 그렇듯 위로부터 오는 은총 외에 다른 어떤 것도 중재할 수 없다. 또한 그렇기 때문에, 교회 없이는 저 영원한 나라에 속하는 어떤 것을 인간적인 허망한 것들로 취급해 버리는 위험에 처할 수 있다. 교회는 이 같은 위험을 막기 위해 존재한다.

구약 성경의 모든 예언, 그러니까 하늘에서 내려와 이 지상에 시시때때로 알려진 하느님의 말씀 안에서 신앙인은 성부의 계시를 눈여겨 살필 수 있는 기회를 얻는다. 이때 성부의 계시를 신앙인은 마치 약속의 차원에서 알아듣듯이 알아듣게 될 것이다. 그러나 신앙인이 상상하는 것보다 훨씬 더 중요하며, 단지 이 지상에서만이 아니라 하늘에서도 그 안에 신적인 생명이 충만하기 때문에, 그 말씀을 알아들은 개인의

고립된 행동으로 인해 맥없이 사라지는 경우는 단 한 차례도 일어나지 않을 것이다. 하느님께서는 만물을 창조하시는 가운데 나누고 정돈하며 새로이 만드시는 분으로 처음 등장한다. 이러한 첫 등장은 창조 이전까지 인간적인 관점에서 추정하는 일련의 영원한 고독이 끝나고 마침내 사람에게서 당신의 대화 상대자(파트너)를 발견했다는 의미가 아니라, 신적인 생명이 충만한 그 중심으로부터 마치 자연스레 싹이 움트듯 성부에게서 나와 다시 성부에게로 되돌아가는 움직임이 개시되었음을 의미한다.

창조주로서 또 하늘에서 말씀을 건네신 성부께서는 그럼에도 [다시금] 성자의 강생을 통해 완전히 새로운 모습을 선보이신다. 성자께서는 성부를 선포하시기 위해 세상에 오셨고, 선포하실 때마다 이미 구약 시대에도 성부께서 성자와 성령을 드러내 보이셨다는 사실을 밝히면서 그토록 [메시아이신] 성자의 도래를 학수고대해 왔듯이 그동안 감춰진 것을 점차 그 베일을 벗겨 가듯 당신 자신을 드러내셨다. 이처럼 잠재적인 구원이 서서히 밝혀지는 과정을 택하신 목적은 사람을 언젠가는 반드시 그의 창조주의 면전에 [흠 없이] 세워 놓으려는 데에 있다. 그러니까 창조주이신 성부에게 피조물인 사람을 (하느님 아버지와 그분의 자녀 사이에 맺는) 특별한 관계로 단단히 결속시키려는 데에 있다. 이에 성부의 사랑을 확연히 보여 주기 위해 성자께서 이 세상에 오신다면, 성자께서는 이 세상에 아직까지 거의 완전히 감춰진 채로 있어서 아무도 알지 못했던 무언가(전연 새로운 소식)를 가져오실 것이다. 한마디로 저 하늘나라에서 삼위의 하느님께서 서로 아낌없이 나누어 하나가 되시는 내적인 사랑을 몸소 보여 주시러 오신다는 말이다. [그러나] 죄인들에게는 그것을 알아볼 수 있는 눈이 없었다. 그들은 죄를 저지르는 데에 익숙해진 자기 자신 주위로 [관계를 차단하는] 옹벽을 높이 쌓았다. 그들을 기쁘게 하는 것이란 고작 죄악으로 말미암아 발작하는 통증을 순간적으로 잊게 하는 마취제와 같은 것이었다. 한편 (동일한) 죄악도 죄인들 각자가 그때마다의 기분에 따라 상대적으로 더 강하게 혹은 더 약하게 느낄 수 있는 것으로 간주되었다. 왜냐하면 사람은 전반적으로 하느님과의 관계 속에서 꾸준히 살아갈 수 있는데, 그런 관계 속에서 그때마다 벌어지는 죄악은 그에 대해 [사람과 하느님께서] 함께 관여하여 결정한 실재라고 믿었기 때문이다. 성부께서는 그 때문에 [굳이] 사람에게 당신의 정의를 입증해 보이셔야 했다. 그래서 죄인을 상대로 재판관에 비유되는 하느님의 엄정함이 강조되었다. 그러나 사람이 그것 때문에 느끼는 두려움은 충분히 크지 않아서 그를 죄악에서 멀어지게 하지는 못했다. 이 두려움은 일종의 경외를 내포한 형식을 수용함으로써 사랑으로 변화되었어야 했으나 그렇게 변화되지 못했다. 그래서 마침내 이 변화를 세상에 오신 성자께서 완성하신 것이다.

성자 안에서 하느님께서는 성부와 성자와 성령 사이에서만 왕래가 이루어지는 삼위일체의 신비를 열어 보이신다. 성부께서는 세상에 성자를 (선물로) 내주시어 성자께서 하느님의 생명 안에서 삼위의 하느님에 대한 통찰과 그 생명에 참여하는 은총을 사람들에게 보증하도록 하신다. 하지만 성자께서는 성부께서 그 뒤에 보내시리라 기대되는 본대를 위해 선발된 초병이 아니시다. 성부께서 구약 시대에 가장 먼저 당신 자신을 소개하셨지만, 아직 베일 뒤에 가려져 계신 성자와 성령께서도 그분과 함께하셨음은 분명하다. 또한 성부께선 언젠가 아직 소개되지 않은 분을 때가 차면 반드시 계시하실 것이라는 약속도 함께 주셨다. 예언자들이 전하는 약속들은 물론, 예지를 통해 증언하고 묵시적인 형상들을 통해 최종적으로 확증하는 그들의 진술들 속에는 저 천상의 생명력과 공동체적 일치를 입증하는 것들이 다수 자리한다.

말하자면, 하느님께서는 엘리야 예언자를 위해 위기의식마저 느껴지는 험한 분위기("강한 바람", "지진", "불")에서가 아니라 "조용하고 부드러운 소리"와 함께 다가오신다(1열왕 19,11-12). 그분은 그렇듯 따뜻하고 은밀하게 당신 자신을 계시하시므로 사람은 이해하지 못하다가 성부께서 성자와 성령과 함께 사람에게 오신다는 사실을 알고서야 비로소 그렇듯 계시하신 까닭을 이해하게 된다. 성부께서는 예언자에게 당신 자신을 계시하시기 위해서 [내적인 영원한 친교를 통해서] 성자의 따뜻함과 성령의 은밀한 특징을 넘겨받으신다는 것이다. 삼위의 하느님께서 이처럼 속성들을 서로 주고받으며 나누시는 친교는 모든 것을 서로 공유하시는 하나 됨 안에서 서로가 서로에게 무한하게 펼치시는 사랑을 상상할 수 있게 해 준다. 성부께서 이 같은 모습으로 가까이 오신다는 사실은 일찍부터 그와 다르지 않은 모습의 성자 그리고 성령과 함께 우리에게 다가오심으로써 우리를 안정시키기 위함이지 결코 놀라게 하시고자 당신 자신을 계시하시는 것이 아님을 시사한다.

만일 성자께서 한처음부터 말씀으로서 [성부와 함께] 계셨다고 한다면, 단지 구약 시대의 경우만이 아니라 그분 앞에 있는 피조물 전체가 영원성을 따라 성부와 성자의 공동 작품이라는 뜻이다. 구약 성경에 기록된 말씀들은 그렇듯 신약 시대의 신앙인들을 위해 한 가지 특별한 의미를 제시한다. 그것은 사람이 하느님의 삼위일체성 안으로 초대되었다는 사실을 가리킨다. 이제 우리는 만일 하느님 아버지께서 당신 자신을 계시하신다면, 당신의 영원하신 말씀도 처음부터 함께 말하고 함께 듣고 있다는 점에 대해 모르지 않을 것이다. 이 말씀의 여러 기능들 가운데 하나는 **경청**이다. 만일 하느님께서 저 낙원에서 사람들(아담과 하와)에게 배신을 당하셨다면, 달리 말해 그들이 죄를 저지른 후 당신께 거짓말을 늘어

놓았다면, 그분 곁에서 그 모든 것을 영원하신 말씀(성자) 또한 보고 듣고 느끼며 겪으셨을 것이다. 사람의 경우 저마다 느끼는 감수성의 차이로 인해 그에 상응하는 (반응이나 표현 등의) 기능에도 차이가 난다. [그러나] 하느님의 전체성 안에서 말씀은 지각하고 바라보는 것과 다르지 않게 겉으로도 혹은 언어로도 표현하신다. 창조주는 한처음에 혼돈을 질서 정연하게 하시고는 사람이 그 안에서 당신을 닮은 모습으로 살아가도록 선처하셨다. 그러니까 하느님께서는 사람이 만들어지기 전까진 그 혼돈을 스스로 감당하셨으나 사람이 그처럼 분간할 수 없는 혹은 갈라지지 않은 (혼돈) 상태에서 살아가기에는 너무 힘들 거라 보시고 질서 정연하게 바꾸셨다는 말이다. 그래서 하느님께서는 사람에게 다양한 능력을, 곧 하느님의 갈라지지 않는 일치(하나 됨) 안에서 사람의 원형이 지닌 보는 것, 듣는 것, 말하는 것을 모두 허락하신 것이다. 하느님의 말씀은 전체로서 als ganzes 귀를 기울이신다. 그에 반해 사람은 다른 피조물들과는 다르게 듣기는 하지만, 귀를 기울일 때 이 세상의 구별과 질서, 그리고 시간(날)의 경과를 필요로 한다. 사람은 그렇게 지나가는 것, 셈할 수 있는 것을 알아볼 수 있으니, 그 까닭은 그가 셈하는 존재이기 때문이다. 게다가 하느님께서는 사람을 셈할 수 있는 상대로서 당신과 마주 서 있도록 허락하셨다. 그의 머리카락의 숫자도 알고(마태 10,30) 계시듯이 말이다. 그러나 하느님께서는 당신 자신을 단 한 번도 **갈라 세우듯** 구분하거나 셈하지 않으셨다. 그러므로 그분께서는 낙원에서 당신을 계시하셨을 때나 그 이후에 계시하셨을 때에도 단 한 번도 성자와 성령과 동떨어진 채로 성부만 단독으로 당신을 소개하신 적이 없다. 오히려 그분께서는 당신의 완전하고 영원한 삼위일체적인 삶을 개방하여 보여 주셨다. [그러나] 저돌적으로 죄악을 뒤쫓음으로써 자신의 갈라 세우는 감수성과 기능에 몸을 맡긴 나머지 하느님을 갈라 세울 수 없음 안에서 파악하는 데에 무능해져 버린 사람은 하느님의 이 같은 삼위일체적인 생명의 계시를 단지 일차원적인, 곧 일인칭적인 관점에서만 알아듣는다. 갈라지지 않는, 어떤 경우에도 셈할 수 없는 하느님의 사랑이 드디어 성자 안에서 온전히 계시되었을 때, 비로소 사람은 처음으로 하느님의 참모습을 눈앞에 마주하듯 영적으로 알아볼 수 있는, 그러니까 하느님을 세 분의 위격으로 셈할 수 있는 위치에 놓이게 되었다.

하늘나라에선 셈하는 일이 없다. 거기선 하느님 아버지께서 성자와 성령과 함께 **하나**이시다. 다만 이때에도 저 **하나**라는 표현은 저 신적인 하나 됨, 한 분이신 하느님의 참되심과 완전하심을 알아듣기 위해서 셈할 수밖에 없는 우리 입장에서 그렇게 말하는 것뿐이다. 우리는 [하느님에 의해] 셈해지는 자이면서 스스로 셈하는 자로 창조되었다. 그리하여 성자께서 우리를 위해 성부와 성령을 당신의 관점에서, 그러니까 강생하신 분의 신원에서 구별하는 관점에서 [하느님의 사랑을] 소개하시는 모습을 통해서도 우리는 성자께서 우리를 위해 또 달리 드러내 보이신 사랑을 발견하게 된다. 그 같은 사랑은 [거꾸로] 우리가 살아가는 이 세상에서 셈할 수 있는 것들로부터 셈할 수 없는 신적인 세계로 나아갈 수 있는 다리가 된다.

A. v. Speyr

만일 어떤 사람이 이 세상에서 자신의 거처를 정하고 현존재로 살아가고자 시도한다면, 그는 시간 안에서 그것을 해결해야 한다. 그는 자신의 인생으로 주어진 시대 안에서 시간을 따라 나눠지는 세월의 흐름을 생각해야 한다. 그렇게 사라져 가는 세대와 새롭게 떠오르는 세대들 사이에서 지내야 한다. 그는 어떤 민족 및 가문에 속하겠지만, 그리 멀리까지 소급하여 기억할 수는 없고 대개 그의 조부모 정도까지만 생각할 수 있을 것이다. 설령 그가 유명한 민족에 속할 경우, 종종 자신의 직계 선조들 외에도 좀 더 많은 정보를 가질 수 있을지라도, 대부분 단지 문헌을 통해 연구된 자료 수준에 그칠 것이다. 미래 세대의 경우에도 당장 자신의 자녀들과 손주들을 아는 정도에서 종종 그치고 말 것이다. 그는 [가끔] 미래가 그들에게 무엇을 가져다주면 좋을지, 미래엔 그들의 삶이 어떻게 바뀌게 될지 자문할 수도 있을 것이다. 또한 그가 지금 자신이 기억하는 조상들의 손주로 존재하듯이 그렇게 그는 [후손들에게서] 자신에 대한 기억이 사라지지 않더라도 겨우 한 세기를 채 넘기기도 전에 먼 조상들 가운데 하나가 되어, 손주의 자녀들에게 어쩌다 들려주는 옛 이야기 속에서나 겨우 기억될지 모른다. 우연하게도 그 어떤 남다른 업적으로 인해 유명해지지 않는 한, 자신의 이름이 머지않아 까맣게 잊힐 것이라는 사실을 우리는 잘 알고 있다. 묘지에서조차 (심지어 아주 잠깐 기억되다가 이내 모든 사람들의 머리에서 사라지듯이!) "누구였더라?" 하고 묻다가 그의 묘비를 통해서나 겨우 그 신원을 알아보게 되는 그런 최후를 맞이할 것이다.

하늘에 계신 하느님 아버지께서는 항상 성부로 계신다. 그분은 모든 사람들의 아버지시요, 성자의 아버지시며 성자와 함께 **마치 바람이 불고 싶은 대로 부는 것처럼** 우리에게 다가오시는 성령을 파견하신 분이다. 성부께서도 당신의 영원한 시간 안에서 당신께서 펼치시는 창조 활동에 대해 그리고 성자와 성령과의 관계 안에서 당신 자신에 대해 규정하실 수 있다. 그러나 그분은 아주 오래전에 한번 아들을 낳아 본 사람처럼 [그런 경력을 고려하여] 지금 어떻게든 부르기 마땅한 다른 호칭이 없어서 그럭저럭 "아버지"라 불리신 것이 아니라, 이미 당신의 본질 안에 그러한 부성을 지닌 분이시다. 성자께서는 성부를 영원히 단 한 차례도 아버지 외에 다른 이름으로 부르지 않으실 것이요, 그로써 분명하게 드러나는 사실은 [**성부**란 이름이] 언제 어느 시대에나 걸맞고 그 모든 외경畏敬과 찬양에 손색이 없다는 것이다. 그와 마찬가지로 성령께서도 성부를 그때마다 또 다른 분으로 혼동하지 않으실 것이다. 왜냐하면 그분께서는 성자는 물론 성부로부터 영원히 나시고 성부 안에서 영원히 성자의 아버지를 알아보실 것이기 때문이다. 이렇듯 영원하신 아버지의 모습은 하느님께서 친히 피조물들에게 당신 자신을 알려 주길 원하셨던 첫 번째 모습이다. 성부께서는 그와 동시에 (성자와 성령을 아직 당신 뒤에 감추고 계시는 동안) 가장 먼저 친히 당신 자신을 드러내심으로써 당장 이 세상과 하늘나라가 서로 맞닿도록 잇고자 하신 당신의 입장을 분명하게 보여 주신다. 그 어떤 혼동의 가능성도 불허하시면서 말이다. 이 같은 조건 아래서 성부께서는 성자와 영원히 사랑을 나누시는 관계를 맺고 성령을 통해서는 그 사랑을 위해 고무되면서 단 한 번도 경직되거나 정체되지 않고 부단히 움직이신다. 그 때문에 그분을 직관하는 하늘나라에 거주하는 모든 이도 결코 습관처럼 나태해지거나 지루할 틈이 없다. 만일 우리가 사라져 가는 것들을 붙들고서도 나름 [감격하여] 참된 삶을 누리고 있다고 큰 소리를 친다면, 정작 영원하신 성부께서는 그보다 얼마나 풍요롭게 더 많은 것을 누리시겠는가! 그분에게는 우리의 모든 상상력을 뛰어넘는 어떤 생명력이, 그러니까 신적인 차원에서 끊임없이 생생하게 움직이는 [무한한] 생명력이 합당하다고 생각되니 말이다. 그로부터 우리가 신앙 안에서 경험하는 것은 이 세상의 변화무쌍한 현실로부터 얻게 되는 어떤 파편과 같은 보잘것없는 것이 결코 아니다. 비록 우리 모두가 이러한 [신적인] 생명을 모델 삼아 창조되었다고 하더라도, 그래서 한 번쯤 완전히 죄와 죽음과는 동떨어진 삶을 나름 [우리의 입장에서] 동경하게 되었다고 하더라도, 우리 각자는 그럼에도 단지 하찮은, 내세울 것이 없는 모델에 지나지 않는다. 다시 말해 우리 가운데 아주 뛰어난 자가 있어 덧없이 지나가는 시간 안에서 유난히 돋보인다고 하더라도, 결국은 한계를 지닌 이해의 수준에서 고려된 모델 정도로 그치고 말 것이다.

그러나 우리는 우리 가운데서 성부를 알리고자 [사람으로] 오신 성자를 모시고 있다. 그분은 우리를 계도^{啓導}하기 위해 애쓰신 모든 말씀 안에서, 그러니까 성자께서 분명하게 성부에 대해 언표하시든 언표하지 않으시든 간에 그분의 모든 가르침 안에서 우리는 영원하신 성부와 무조건적으로 맺어진 어떤 관계를 발견할 수 있다. 우리는 그 말씀에 힘입어 깨닫는다. 성부께서는 그렇듯 성자와 [한 몸처럼] 함께 계시니, 성자의 개념들은 신적인 것에 속하는 점에서 성부의 개념들이기도 하다. 그래서 성부께서는 성자와 다르지 않게 당신 자신을 희생하신다. 당연히 성자의 희생도 성부의 영원하고 불변하는 본질에 속한다. 성부께서는 성자를 사랑하시는 존재 자체 외에 다른 어떤 모습으로도 존재하지 않으시니 말이다. 이 사랑(부성애)은 그분에게 결코 우연적인 것이 아니다. 오히려 [영원히] 그분께서 성자를 인정하시듯 당신 스스로도 시인是認하신다. 성부와 성자께서 그렇게 마주하여 서로를 인정하신다면, 한편 성령께서는 자신 안에서 그리고 자신을 통하여 [두 분의] 이 같은 마주함을 완성시키시며 그로써 자기 자신 또한 시인하시는 분이라고 말할 수 있을 것이다.

　이처럼 '삼위일체적으로 주고받는 시인Die dreieinige Bejahung'은 세 위격 각자가 저마다 인정하는 다른 두 위격을 자신 안에 끌어안아 하나가 되는 것을 가리킨다. 그래서 성부의 창조 사업에 대해서도 (성자와 성령께서 함께) 인정하신 셈이다. 그와 같이 일찍부터 사람들도 단지 이 세상에 대하여 하느님께서 '예' 하고 시인하신 말씀을 함께 완성하는 일만이 아니라 그분에게서 그들 자신들도 (긍정적으로) 인정받을 수 있게끔 살아가도록 요구받았다. 창조된 세상에 대해 "참 좋다!"고 시인하신 하느님의 말씀은 삼위일체의 세 신적인 위격이 서로를 향해 건네시는 말씀이요, 각 위격이 서로 구별되는 차이 안에서 다른 (두) 위격에 대해 선언(표현)하시는 의미에서 "참 좋다!"는 말씀이기도 하다. 이러한 관계의 차원에서 볼 때 이 세상은 세 위격이 활동하시는 장소로도 고려된다. 그렇게 다양하고 셈할 수 있는 만물, 하느님 앞에 피조물로 서 있는 그 모든 것은 저마다 그분에게서 멀찍이 떨어져 있는, 그저 하찮은 존재가 아니라 원천적으로 [하느님에 의해] 긍정적으로 인정받은 것들이다. 그래서 하느님 아버지의 나라를 진정 열어 보이시고자 성자께서 활용하시는 다의적多義的인 개념들은 그것들이 지닌 충만함과 긴장감을 통해서 하느님과는 동떨어진 무언가를 보여 주고자 선별된 것이 아니라, 오히려 영원하신 삼위일체의 실재성을 반영하고 있는 까닭에 택해진 것이다.

  사람들에게 전해진 하느님의 [세 위격의] 영원한 구별되심은 신앙인을 영원히 불변하는 확고한 토대 위에 세운다. 그리스도인으로서 자녀를 둔 아버지의 부성은 단순히 이 세상에서 한동안 성별을 구분하는 의미로 고려되다가 시간이 흘러 끝내 사라져 버리고 마는 차원에서만 존재하는 것이 아니다. 오히려 그는 교회 안에 머무름으로써 저 하늘에 계신 아버지의 부성과 직접적인 관계를 맺는다. 그런 관계에 있는 아버지가 신앙을 지닌 자녀들의 아버지다운 모습이다. 한편 이러한 관계가 (나머지 다른 속성들, 예컨대 모성애, 친자 관계, 친구 관계의 우정도 그와 마찬가지로) 하느님에게서 비롯하여 교회를 통해 사람들에게 전해져야 할 것이다. 성령께서는 성부와 성자 사이의 관계를 꾸준히 중재하시는 분이기 때문에, 성자께서는 성령 안에서 자신의 교회를 구상하셨다. (그리하여 성부께서 그 교회를 통하여 피조물들을 당신의 영원성 안으로 끌어 올리실 것이다.) 그리고 성자의 신부로서 이 교회가 성령을 통하여 신앙인들의 후견인이 되는 동안, 만일 신앙인들이 신앙 안에서 살아간다면, 교회는 일찍이 자신에게 가르쳐 주신 주님의 말씀, "하느님의 뜻을 실행하는 사람이 바로 내 형제요 누이요 어머니다."(마르 3,35)라는 말씀에 부합하도록 신앙인들에게 초자연적인 부성애와 모성애를 중재해야 할 것이다. 그러한 의미에서 하느님께 자신을 봉헌한 사람들은 하늘나라에서 성부와 성자의 관계에 동참하는 사람들이라고 말할 수 있다. 교회는 그렇듯 하느님께 자신을 봉헌한 신앙인들의 '예'라는 응답을 떠맡는다. 그것은 마치 성부께서 마리아의 '예'라는 응답을 떠맡으신 것과 같다. 그리하여 교회는 그렇듯 '예' 하고 응답한 이들을 성부와 성자와 성령께서 '예' 하고 영원히 서로 주고받으심으로써 결실을 이룬 저 천상의 열매를 맛보는 순간까지 도울 것이다.

하느님께서는 아담의 갈비뼈에서 하와를 지으신 후 그와 동등한 본질을 지닌 반려자로 정해 주셨다. 그러나 구약 성경에 소개된 몇몇의 이야기를 통해 볼 때, 대체로 성자와 성령께서 성부 뒤에 숨어 계신 것처럼 여성은 늘 소극적인 모습으로 등장한다. 그러다가 [신약에 와서] 갑자기 마리아와 동시에 교회가 뚜렷하게 전면에 등장한다. 구세주를 통하여 동정녀 어머니와 그리스도의 신부인 교회가 그리고 그 안에서 피조물과의 완전한 관계가 새롭게 제시되고 있다. 왜냐하면 이렇듯 여성의 모습을 한 반쪽이 성자의 도래로 말미암아 그리고 성부께서 인정하시는 범주 안에서 과거와는 다르게 새롭게 조명되었기 때문이다. 교회의 결실은 동정녀 마리아에게 기댔고, 마리아는 천상의 은총이 맺어 주는 결실(성자의 잉태)에 기댔다. 마리아가 기댄 천상의 결실은 다시 말하지만 교회가 가르쳐 온 바에 따라 삼위일체 하느님의 첫 번째 위격으로서 마땅한 성부의 위엄이 드러나기 위해 필연적으로 벌어져야 할 사건이었다.

구약 성경에는 모름지기 한 쌍 정도의 위대한 여성상이 등장하는 것 같지만, 그 여성들은 항상 어떻게든 위대한 인물 곁에서 마치 조연처럼 나타났다가 하느님의 예언자들이나 계시의 커다란 흐름에 주목하는 경향에 따라 거의 눈에 띄지 않는다. 그 여성들은 어떤 가문이나 어떤 일화 혹은 어떤 비행非行과 연루해서 등장하더라도 조금 특별한 인상을 남기는 정도로 취급될 뿐이다. [그러나] 동정녀 마리아부터는 상황이 달라진다. 비록 복음서에서 여인들에 관하여 아주 많은 것을 언급하지 않을지라도, 그들은 이제 교회 안에서 눈에 띌 만큼 비중 있게 등장한다. 예를 들어, 교회의 생산성과 관련된 임무를 수행할 경우나 (비록 교회의 직무에 속하지는 않더라도) 교회의 협력이 필요한 경우 혹은 교회가 거룩한 공동체로서의 자태를 유지해야 할 경우 나아가 주님의 어머님에 대한 기억을 생생하게 보전해야 할 경우에도 여인들의 역할이 요청되었다.

성자께서는 당신 아버지에게 이 세상이 필요로 하는 아버지의 사랑에 대한 간절함을 보여 드리고자 교회를 구상하셨고, 그렇듯 교회와 관계를 맺으셨다. 하지만 그 관계는 단지 그리스도와 교회 사이에서 체결된 관계로서 끝나지 않았다. 왜냐하면 성자께서는 교회 안에서 [자신이 아니라] 궁극적으로 삼위일체 하느님의 사랑에 도달할 것을 염두에 두어서 성부의 사랑이 꾸준히 기억되어 완전히 실현되기를 기대하셨기 때문이다. 성자께서는 자신이 세우신 성체성사 안에서 성부께서 얼마나 이 세상을 사랑하시는지, 또한 성부께서 얼마나 자신을 성령 안에서 사랑하시는지 [사람들이] 잊지 말기를 바라셨다. 그리고 다른 한편 사람들을 위해 바치는 자신의 희생을 성부께서 기꺼이 받아 주시길 원하셨다. 교회는 자신이 수행할 모든 성사들과 갖춰진 온갖 시설 및 체제들을 운용하면서 하늘의 영원한 양식으로 살아가며 성장한다. 따라서 교회는 **위로부터** 오는 은총 외에 다른 어떤 것도 중재할 수 없다. 그렇게 보자면, 교회는 영원한 나라에 흔들림 없이 정주定住하기 위해서 마치 정박하려는 배가 수면 아래 깊숙이 닻을 내려놓아 파도에 휩쓸리지 않으려는 것처럼 닻과 같은 역할을 수행한다. 한편 세상 사람들이 태어나기 이전의 전생이나 사후 세계와의 인연 및 숙명이라 여기는 것들은 근거가 없고 불확정적인 상상이다. 그에 반해 영원하신 삼위일체의 하느님은 물론 세상과 맺으신 하느님과의 관계는 언제까지나 변함이 없다. 이때 하느님과 세상과의 관계는 영원한 생명과 직결된다. 교회 없이는 신앙인이 영원한 나라에 속하는 어떤 것을 인간적인 허망한 것들로 취급해 버리는 위험에 처할 수 있다. [예를 들어] 신앙인이 그리스도를 기념할 때 성부와 성령께서 그분 곁에 가까이 계시더라도 실제 아무런 의미가 되어 주지 못했다고 생각할 수 있고, 또는 하느님의 은총은 그저 특별히 성인들에게서나 놀랍도록 작용할 따름이고 또 그것으로 충분하다고 생각할 수 있으며, 나아가 삼위일체 하느님의 내적인 관계들 역시 신앙인 각자의 기분 및 상황을 따라서 이해할 수 있다고 판단하고는 저마다 나름의 인상 깊은 영감에만 사로잡힐 수도 있다. 교회는 바로 이 같은 위험을 막기 위해 존재한다. 교회는 자신 안에 머물러 있는 개별 신앙인들과 꾸준히 결속을 다지며 한 몸을 이루는 초자연적인 무리(개인을 넘어선 공동체)요, 동시에 그 관계를 올바르게 혹은 일정 거리를 유지하도록 계속해서 제어하는 조정자다. 교회는 개인적으로 기념하는 행위를 금지하진 않지만, 교회가 직접 주선하는 공적인 전례를 통하여 모든 개별 신앙인이 저마다의 올바른 위치에서 성실하게 믿으며 살아가도록 돕는다. 만일 어떤 신앙인이 개인적인 관상 기도 및 신심에 정신을 빼앗기듯 심취되어 교회의 전례 축제, 그러니까 교회가 공식적으로 지내는 전례적인 성격의 축제에 참례하는 행위가 마치 그에게는 비종교적으로 비치고 나아가 자신의 신심을 방해하기라도 하듯 쓸데없다고 주장한다면, 그 신앙인은 신앙의 위기에 직면한 것이라고 말할 수 있다.

교회를 통해 성자께서는 성부께 [사람들이 저지른] 죄악을 상쇄할 수 있는 중대한 장치 하나를 제안하셨다. 성자께서는 당연히 [이미 성부께서 시작하신] 세상 창조를 원천적으로 무효화시킬 수는 없었고, 죄로 인하여 타락한 세상을 구원하는 데 관여하실 수 있었다. 성자께서는 성부께 사람들이 어리석게 저지른 죄악 대신에 교회를 보여 드렸다. 이에 더없이 분명한 사례로서 부활절을 앞두고 치르도록 하는 고해성사(판공성사)를 들 수 있다. 왜냐하면 이 고해성사로써 죄로부터의 구원이 교회의 고유한 형식을 취하면서 죄악을 대신하였기 때문이다. 이제 성부의 면전에 [교회를 통해] 죄악 대신에 은총이 자리한다. 아담을 넘어서 인류에게 운명처럼 정해진 처벌 대신에 은총의 찬란한 기쁨을 예비하는 참회가 들어선 것이다. 성부께서는 그것이 성자의 공로라는 것을 잘 아신다. 그리고 분명 그렇듯 성부와 성자께서 함께 성령을 우리에게 보내시어 성령께서 성자의 공로를 확정적으로 날인하신 것은 성부께서 [기꺼이] 세상을 받아들이신다는 표지로서 합당하다. 하지만 그 날인은 모든 것을 확증하셔야 하는 성령의 도움과 교회에 자신의 몸을 내어 주신 성자의 공로 그리고 성자와 성령과 친교를 나누시면서 교회를 통해 구원받은 세상에 당신 자신을 선사하기로 [일찍이] 마음먹은 성부의 사랑에 힘입어 [은총을 중재하는] 권한을 갖게 된 교회를 공증하는 표지로서도 합당하다.

8장

성부와 성령의 침묵

우리가 기도를 통해 하느님께 질문을 드리면서 영원한 세계 안으로 집요하게 다가가서 살핀다면, 성부께서 성자와 성령과 함께 영원히 오랫동안 침묵하고 계시는 것을 상상할 수 있을 것이다. 왜냐하면 당신 자신을 사랑하기 위해서 또는 세 위격마다 지니신 뜻을 실현하기 위해서 그 어떤 말씀도 필요치 않으셨을 테니 말이다. 그러므로 처음 하느님에게서 말씀이 나왔다면, 그것은 사람이 알아듣기 위함이다. 이때 바람직한 신앙인의 태도는 예언자들이나 성모님의 모범에서 엿볼 수 있다. 그들은 모두 하나같이 하느님의 말씀을 받아 삼켰다. 그 말씀으로 그 말씀과 함께 살았지만, 주어진 그대로 전해야 했던 측면에서 자유롭지는 못했다. 한편 하느님께서는 말씀을 건네시는 행위만이 아니라 침묵으로도 세상과 관계를 맺으신다. 침묵은 그러니까 관계의 단절을 의도한 행위가 아니라 영원한 기억을 되돌려 본래의 관계를 회복하기 위한 행위다. 그래서 그것은 하느님께서 늘 사랑 안에 머물러 계신다는 또 하나의 표지다. 그분의 침묵은 그분의 말씀과 똑같은 중재 능력을 지니되, 말씀과는 다른 지평 위에서 발휘될 뿐이다. 하느님의 침묵도 그분의 현존을 드러내는 방편이다. 그래서 신앙인은 성자와 함께 하느님을 그분의 침묵 안에서도 발견하게 된다. 하느님의 침묵 안에서 우리는 궁극적으로 그분의 신적인 존재, 곧 그분의 '그렇게 그리고 그와 다르지 않게 존재하심'과 마주하게 될 것이다. 그러한 마주 바라봄이 곧 사랑이다. 그러한 사랑에 다다른 신앙인 또한 자신의 욕구를 주지시키기 위해서가 아니라 하느님께 순응하고 그분의 뜻 외에 다른 것은 전혀 관심이 없음을 대변하는 의미에서 침묵한다. 만일 하느님께서 당신이 침묵하시는 의미를 깊이 있게 통찰하도록 우리를 이끄셨다면, 우리의 신앙은 이미 성장한 것이요, 이 같은 신앙 안에서 하느님에 대한 열정은 한층 심화될 것이다. 희생에 익숙한 수도 생활은 곧 그분의 침묵에 동참하기를 청하는 하느님의 초대를 의미한다. 인간적인 침묵에 익숙한 자가 자신의 이웃에게 마음을 열 수 있다. 이 침묵은 원천적으로 성자의 십자가 위에서 목격하는 성부의 침묵에서 비롯한다. 그러니까 성자의 부르짖음에 성부의 아무런 응답 없음이 전부인 바로 그곳에서 성자께서는 더 이상 성부를 보지 못하지만, 그럼에도 그 절체절명의 고통 속에서 부활의 확신을 움켜잡을 수 있게끔 하는 침묵이 존재했으니, 바로 그것이 모든 침묵의 원천이다. 과연 우리가 뒤따를 수 있는 그리스도의 온전한 모습은 오직 성자만이 꿰뚫어 보실 수 있는 성부의 침묵 안에 가려져 있다. 그리하여 성부와 성자와 성령께서 함께하시는 그 침묵 안에서 지금까지 삼위일체 하느님에 관하여 경험했던 것보다 훨씬 더 엄청난 것을 경험하게 될 것이라 믿는다. 마치 깨끗한 수의가 망자를 감싸는 것처럼 하느님의 침묵이 망자 주위를 감싸고 있음을 교회가 함께 고백함으로써 망자가 이제 침묵하시는 하느님만을 꾸준히 바라보는 직관의 은총을 기대하듯이 말이다.

만일 한 어린아이가 하늘에 계신 아버지와 잘 아는 사이라고 한다면, 그 둘 사이의 대화, 곧 **기도**라 불리는 대화는 이미 시작된 셈이다. 사람이 아뢰는 것은 하느님께 드리는 질문이요, 하느님께서 사람에게 건네시는 것은 대답이다. 제일 처음 주고받던 말들은 일찍부터 그보다 앞서 놓여 있던 그것

을 향해, 그러니까 오롯이 영원한 침묵과도 같은 그것을 향해 집요하게 나아가서 결국 성부와 성자께서 성령 안에서 서로 주고받으시는 사랑의 친교가 펼쳐지는 그 안에 다다랐을 것이다. 그 안에는 아마도 성자께서 성부의 영원한 말씀으로 계시고 성령께서는 사랑의 친교를 의미한다고 보지만, 아직 거기에 닿아 있지 못한 사람에게는 그 사랑의 말씀이 지각될 리 만무하다. 만일 우리가 기도를 통해 하느님께 질문을 드리면서 [삼위일체 하느님의] 영원한 세계 안으로 집요하게 다가가서 살핀다면, 우리는 하느님 아버지께서 (말씀이신) 성자와 또한 성령과 함께 영원히 오랫동안 침묵하고 계시는 것을 상상할 수 있을 것이다. 왜냐하면 하느님께서는 당신 자신을 사랑하기 위해서 또는 세 위격마다 지니신 뜻을 실현하기 위해서 그 어떤 말씀도 필요치 않으셨을 테니 말이다. 그러므로 제일 처음 밖으로 나온 말씀을 사람이 알아듣기 위해서는 저 영원한 대화가 반드시 어떤 외양外樣을 새롭게 갖추어야 한다고 생각할 수 있다. 왜냐하면 그 말씀은 그래야 그 순간부터 발설된 말씀, 계시된 말씀으로 확정될 수 있고 또 전달될 수 있기 때문이다. 그래서 세상 창조 행위와 창조를 위해 입 밖으로 발설된 행위로서의 말씀은 서로 단단히 결합되어 있었다.

구약 시대에는 하느님께서 예언자들에게 그리고 그들을 통하여 말씀하셨다. 하느님께서는 그들이 말씀을 받아서 전달하도록 하셨다. 그들은 그분의 '소리통Sprachrohre'으로서 그 말씀을 사람들이 최대한 잘 이해할 수 있는 형식으로 바꾸는 것은 허용되지만, 그 내용만은 조금이라도 덧대거나 바꾸어서는 아니 되었다. 이러한 행위로만 보아선 예언자들은 성자의 예형이요 선구자다. 그 점에서 주님의 어머님도 예언자들과 같은 맥락에서 이해된다. 그러니까 만일 성모님이 말씀이신 성자를 잉태하고 출산하여 키운다면, 성모님도 일찌감치 생각했던 것처럼 하느님의 말씀(성자)을 받아들이고 그렇듯 말씀을 당연히 [임의로] 바꾸지 않아야 한다. 각별히 보살피더라도 어떤 다른 의도로 그리하지도, 자신의 뜻을 강요하듯 그를 다그치지도 말아야 한다. 그분(성자)께서는 영원으로부터 줄곧 완전한 신적인 의도를 가슴속 깊이 품으신 말씀으로 머물러 계셔야 하기에 말이다. 성모님의 이처럼 흠잡을 데 없는 받아들임을 연상할 정도로 구약의 예언자들도 하느님의 말씀을 받아 삼켰다. 그들에게 주어진 말씀은 아직 육신을 취한 말씀은 아니었다. 하지만 그들은 이미 그 말씀과 함께 살아가는 공동체를 형성했다. 다만 그 말씀을 주어진 그대로 전해야 했던 측면에서 자유롭지는 못했다. 그들은 그 말씀의 운명을 염려하면서도 그 말씀에 의해 벌어지는 결과가 무엇인지 손 놓고 지켜보아야만 했다. 그래서 백성에게 그 말씀을 잘 듣고 명심하도록, 달리 말해 그들이 입으로 전한 것과 전하지 않은 것을 정확히 구별하여 마음에 새길 수 있도록 경고하는 것이 최선이었다. 그렇지만 그들이 그 말씀을 어느 때고 한 번 그들의 입 밖으로 내뱉어 전달한 다음에는 그 말씀이 오류 없이 받아들여져 그 결과를 얻기까지 임의로 처리할 능력이나 권한이 그들에겐 없다. 이는 성모님이 성부의 은총과 성령의 도움 아래 그 말씀이 [하느님의 뜻대로] 이루어지길 바라신 경우와 다르지 않다.

그러나 하느님께서는 단지 말씀을 건네시는 행위로만이 아니라 침묵하시는 행위로도 세상과 관계를 맺으신다. 이러한 침묵은 분명히 말하지만 단순히 세상과의 관계를 단절하려는 것이 아니라, 세상 창조 이전부터 영원히 성부께서 성령 안에서 성자와 함께 계셨던 영원한 기억을 되돌리는 훨씬 더 폭넓은 관계로의 회복을 함의한다. 그것은 하느님께서 늘 사랑 안에 머물러 계신다는 또 하나의 표지다. 이 존재 방식은 하느님 편에서 볼 때, 비록 아담이 죄를 범한 후 하느님께 더 이상 귀를 기울이지 않을지라도, 또 설령 아담이 오랫동안 스스로 참회에 들어갔다고 하더라도 그로 인해 바뀌는 것이 아니다. 다만 침묵으로 보여 주시는 하느님의 사랑이 낯설게 여겨지는 것뿐이다. 이전에 그 사랑은 항상 우리의 사랑과 [양 손바닥이 서로 부딪혀야 소리가 나듯] 마주하여 벌어졌었다. 이전에 하느님의 사랑은 우리에게 익숙해져 있었고 완전하게 받아들여졌으며 측량할 수 없을 만큼 몇 배로 되돌려주곤 하였다. [그러나] 이제 그 사랑이 죄악이라는 저항에 부딪혔다. 이 저항 앞에서 그 사랑은 아주 비범한 **말씀의 형상**으로 맞상대하였다. 성부께서 [사람들이] 죄를 저지른 이후 이 세상에 보내신 말씀은 죄와 다투어 이겨 내는 특성을 지니게 되었다. 그 사랑의 특성은 구약의 예언자들이 예언하는 경우뿐만 아니라 신약에서 성자께서 가르치시는 경우에도 그리고 성령께서 강림하시는 경우에도 모두 다 예외 없이 똑같다. 되돌아가려는 목적을 위해서, 그러니까 성부의 저 침묵 안으로 되돌아감으로써 평화를 얻기 위해서 우리는 항상 우리와 마주치는 죄악, 곧 하느님의 사랑에 저항하거나 모순되는 것들을 이겨 내야만 한다.

성부의 침묵은 완전하게 채워짐을 의미한다. 만일 성자께서 한 가지가, 곧 자신의 말에 귀 기울이는 것이 반드시 필요하다고 가르치셨다면, 그분은 우리의 기도에 아마도 그 말의 형식 또한 선사하셨을 것이다. 그래서 우리가 그로써 우리의 유한한 수단을 가지고서도 하느님의 무한하심에 마음을 여는 것이 가능하게끔 말이다. 그러나 성자께서는 그 가능성을 동시에 영원한 침묵 안에 가져다 놓으셨다. 왜냐하면 이 말씀의 마지막 펼쳐짐은 더 이상 들을 수 있는 것이 아니기 때문이다. 침묵 안에서 그 말씀은 완전하게 펼쳐진다. 침묵 안에서 그 말씀은 자신의 결실을 넘겨준다. 침묵 안에서 신앙인을 받아들이시는 일이 성부의 품 안에서 완성된다. 그리스도인의 침묵 안에서 가장 내밀한 만남이 창조주와 피조물 사이에서 이루어진다.

성부께서는 당신 자신을 계시하시는 것을 단 한 번도 중단하신 적이 없다. 성자의 강생은 단지 그분의 공적인 드러나심을 가리키는 한 가지 형식에 불과하다. 물론 그 형식은 매우 강렬한 것이었다. 왜냐하면 하느님께서 여기 이곳에서 우리 가운데 사람이 되셨기 때문이다. 하느님의 말씀이 [사람들에게] 지각되지 않는 곳에서도 하느님께서는 여전히 당신 자신을 계시하신다. 그분의 침묵은 그분의 말씀과 똑같은 중재 능력을 지니되, 다만 말씀과는 다른 지평 위에서 발휘될 뿐이다. 비신앙인에게는 하느님의 침묵을 알아챌 수 있는 **신앙 감각**이란 것이 없다. 과연 의심하는 자라면, 하느님의 부르심은 그것이 실존한다고 할 때 그 자체를 자신이 지각할 수 있어야 하듯이 자신이 능히 알아챌 수 있게끔 자신에게 어떤 표징을 보여 주어야 한다는 요구부터 할 것이다. 그렇게 비신앙인은 하느님의 현존이 그 자체로 입증될 수 있어야 한다고 생각한다. [하지만] 신앙인들에게는 하느님의 침묵도 그분의 현존을 드러내는 것이다. 신앙인은 하느님을 그분의 침묵 안에서(도) 발견한다. 그는 현존하시는 하느님에게 [전혀 과장하지 않고] 신실하신 하느님께서 당신의 존재를 지각할 수 있게끔 굳이 밖으로, 곧 가시적으로 당신의 얼굴을 내미실 필요가 없다고 고백할 것이다. 신앙인이 침묵 안에서 하느님을 바라보도록 초대받았음을 느낀다면, 그것은 하느님의 하느님으로 존재하심에 참여하는 은총을 받은 것이다. 신앙인이 침묵할 때가 있지만, 하느님께서도 침묵하실 때가 있다. 이때 신앙인은 자신의 침묵을 통해 [하느님에게] 자신을 주지시키고픈 욕구 때문이 아니라 하느님께 순응하기 위해 그리고 하느님께 자신이 원하는 것 외에 다른 것은 전혀 관심을 갖지 않겠다는 의도에서 침묵한다. 침묵하면서 기도하는 것이, 그러니까 자신의 원의, 자신의 착안, 자신의 상상, 자신만의 특별함 등을 침묵으로 돌리는 것이 그에게서 실제 성공적으로 이뤄진다면, 그는 스스로 자신을 비우고 세상에 대해 손을 놓아 버림으로써 하느님의 영원한 본질로 향하는 길을 발견하게 될 것이요, 하느님께서 그 침묵 안에서 그에게 다가오실 것이다. 기도하는 사람의 영은 하느님께서

지시하시는 것을 받아들이는 데에 전혀 게으르거나 둔하지 않고, 오히려 최대한 깨어 있다. 하느님의 침묵 안에서 우리는 궁극적으로 그분의 신적인 존재, 곧 그분의 '그렇게 그리고 (그와) 다르지 않게 존재하심So-und-nicht-anders-Sein'과 마주하게 될 것이다. 신앙인은 하느님을 그분의 신적인 본질 안에서 바라보게 되는데, 이 바라봄이 곧 사랑이다. 왜냐하면 기도하는 자가 궁극적으로 추구하는 것은 그 자체로 완전하게 친교를 나누시며 서로에게 서로를 주고받으시는 삼위일체 하느님의 사랑 외에 다른 것이 아니기 때문이다. 비록 세상이 그렇듯 기도하는 이들과 함께 그러한 사랑에 동참하게 되더라도, 그로 인해 그 사랑이 줄어들거나 손상될 일은 없다.

만일 기도하는 자가 오롯이 기도하기 위해, [그러니까] 오직 **관상**에 몰두하기 위해 모든 것을 버리고 조용한 곳을 찾아서 떠날 것을 결심한다면, 그는 하느님의 침묵이 작용하는 직접적인 힘에 의해서만 그렇게 행동하고 있음을 스스로 깨닫게 된다. 자신을 부르신 하느님의 말씀을 지각한 것이다. 그는 아마도 스스로 지각할 수 있는 입장에서 '예'라고 응답하였을 것이다. 그러나 일단 하느님 앞에서 인생의 진로를 선택하는 자신의 행위가 정화되고 나서 관상의 길로 들어서게 된다면, 하느님의 침묵 앞에서 그는 자신의 삶을 처분해 나갈 것이다. 그의 의도와 관점이 오롯이 이 침묵을 향해서 있게 된다. 사막으로 떠난 최초의 수도자(은수자, 隱修者)들이 그랬던 것처럼 오늘날 기도하는 자 역시 자신이 설계했던 것, 자신의 주변 상황에 맞춰진 그동안의 생활 방식, 친구들, 습관들 및 친지들 등 일체를 포기하게 될 것이다. 그로써 마치 텅 비어 있는 것처럼 무無에서 하느님에 의해 새롭게 자신의 삶이 정해지는 것을 경험하기 위해서 말이다. 그는 앞서 자신의 삶이 뒤엉켜 버렸던 그 자리에다 모든 것을 내려놓고 떠나야 할 것이다. 하느님께 자신의 벌거벗은 '나'를 보여 드리기 위해서 말이다. 그것은 이렇듯 초라한 '나' 자신이 하느님의 위대하심 앞에서 그 안으로 사라져 버리길 바라는 마음이기도 하다. 기도하는 자는 더 이상 남들의 시선을 괘념치 않는다. 나아가 하느님에게서 특별하게 대우받기를 원치도 않을 것이니, 그는 다만 자신을 순전히 내맡기시는 성자의 의지를 모범 삼아 비록 부족하지만 열과 성을 다해 오롯이 성부의 뜻을 좇음으로써 그저 그분께서 침묵하시는 깊은 뜻이 지체 없이 자신을 사로잡기만을 앙망^{仰望}할 것이다.

  기도하는 자의 삶은 하루하루 그가 일궈 놓은 것, 예측할 수 있는 한정된 시간을 통해 쌓은 공로와 그에 대한 평가로써가 아니라, 차라리 그가 침묵으로 기도하기 때문에, 영원성 외에 다른 어떤 방식으로는 전혀 알 길이 없는 하느님의 침묵에 참여함으로써 영위될 수 있다. 그는 자신의 마지막 시간을 알지 못하지만, 아무튼 그 (죽음의) 시간이 그의 인생의 끝을 지시하는 경계석은 아니다. 왜냐하면 그는 그 시간에 이르기까지 변함없이 신실하신 하느님의 영원성 안에서 함께 살아가며 너끈히 자신의 삶을 안아 주시리라는 희망을 품어 왔기에, 그의 마지막 시간은 특별히 주목할 만한 표지가 있어야 할 필요가 없으며, 따라서 그의 기도가 그로 인해 중단되지도 않을 뿐더러 그와 동시에 하느님께서도 그가 줄곧 해 온 것을 당신께서 임의로 중단하실 리도 없기 때문이다. 그렇게 그의 삶은 거의 아무도 의식하지 못한 채 어느덧 영원성 안에 영입될 것이요, 그곳에서 침묵하면서 바치는 기도를 통해 언제나 자신의 몫을 받아 누리게 될 것이다.

수도자가 준수해야 할 외적인 생활 규칙들, 그들의 직무와 연계된 공동 재산, 외부 세계와 지속적으로 맺는 어떤 관계가 [그들의 기도 생활에] 장애가 되어서는 아니 된다. 하느님께서는 기도하는 자 역시 사람들 가운데 살아가는 사람으로 지으셨으니, 성자께서 주신 사랑의 계명이 모든 사람에게 확장되어야 한다. 한편 이 세상의 사물들도 기도에 의해서 그리고 기도 속으로 파고드는 데에 일조하는 만큼 하느님의 침묵을 응시하는 데에 도움을 줄 수 있다. 형제들을 위해 희생 및 봉사하는 삶은 사랑에 의거해서 많은 것들을 내려놓는 행위도 마다하지 않는데, 그러한 절제 및 포기는 침묵하는 기도와도 같다. 아무도 자신이 기도하고 싶다고 해서 다른 어떤 사람에게 항상 조용히 해 줄 것을 의무처럼 강요할 수 없다. 차라리 그가 다른 사람들을 위해 행해야 할 것은 그들이 하느님께 나아가는 길을 고르게 하는 것이란 점에서 하느님께 자신을 봉헌하는 것이다. 침묵하시는 하느님의 이 같은 하나 됨 안에서 살아가는 데에 어려움이 없다면, 그는 어느덧 성자를 본받은 참된 추종자가 된 것이다. 그리하여 만일 그가 혹시 수도 사제로서 수도원에서 고해 사제의 직무와 관련하여 열심히 수고해야만 한다면, 그는 그러한 자신의 수고가 수도원 생활이란 커다란 범주 안에서 성자의 적극적인 삶에 동참하는 것임을 자각할 필요가 있다. 왜냐하면 시간 구분이 예수님의 삶 안에서 관찰할 수 있듯이 반드시 외적으로 동일한 크기의 시간 단위로 나눠져야 할 필요는 없기 때문이요, 예수님 자신도 [《성경》에] 알려지지 않은 여러 해 동안 그와 이웃하는 동료들에게 직접 사랑을 펼치는 수많은 활동을 하셨을 것이기 때문이다. 주님의 삶에는 관상과 활동을 뚜렷하게 가르는 절개면切開面이 유달리 눈에 띌 수 있다. 그에 비해 수도자의 삶에는 셀 수 없이 많은 작은 절개면들이 있을 수 있는데, 그것은 아마 무엇보다도 수도자가 충분히 거룩하지 못하다는 이유에서 어떤 커다란 휴지休止 기간을 설정하는 규정과 관련이 깊다. 왜냐하면 그는 [순수하지 못한 만큼] 이것저것을 뒤섞어 생활하든, 아니면 이것과 저것을 교대로 생활하든 당장 교회로부터 인정받은 수도원의 생활 양식을 필요로 하기 때문이다. 그런 방식으로 수도자는 거룩한 이들의 통공을 고백하는 교회 공동체 안에서 하느님께 나아가는 침묵의 길을 조용히 걸어갈 수 있을 것이요, 그렇듯 하느님께 나아가는 고독한 여정 중에도 그리스도인에게 안성맞춤인 교회와 그로부터 맡겨진 직무에 충실할 수 있을 것이다.

—— *A. v. Speyr* ——

  모든 기도에는 그 기도가 하느님께 도움을 청하는 짧은 화살기도라 하더라도, 마땅히 신앙이 전제된다. 다시 말해 사람이 기도할 때 그 기도에 대한 응답을 하느님께 전적으로 맡겨 드려야 하며, 설령 하느님께서 인간적으로 기대하는 방식을 따라 응답하시고 또 어쩌면 원하던 도움 혹은 해결책을 강구해 주실지라도, 정작 그의 기도가 받아들여지기까지 기도의 보이지 않는 과정은 우리가 결코 그 전체를 개관할 수도 없으며, 아무에게도 제대로 설명할 수 없다. 그 때문에 하느님께서 우리가 기대했던 방식과는 완전히 다르게 응답하신다고 하더라도 신앙인들에게는 전혀 놀랍지 않다. 우리가 속 시원하게 풀고 싶었던 어려움이 조금도 바뀌지 않고 고스란히 남아 있을 수 있다. 그래서 신앙인은 하느님의 침묵 앞에서 [그 어려움을 두고] 아주 간단히 읍소할 수도 있겠지만,

그렇듯 읍소하더라도 그는 신앙 안에서 그분의 침묵을 응답으로 받아들여야 한다. 자신이 하느님의 침묵 앞에 서 있음을 의식하는 신앙은 그렇게 침묵 앞에 서 있는 것을 만족스럽게 여긴다. 신앙인은 하느님께서 귀 기울여 들으시는 것 외에 다른 것은 아무것도 하지 않으실 수 있음을 알고 있으며, 그럼에도 늘 기도하는 사람의 말이 하느님의 침묵 안에 받아들여졌음 또한 안다. 만일 그의 신앙이 진정 그것을 안다면, 그는 앞서 내디딘 기도의 첫걸음보다 성큼 더 멀리 나아간 것이다. 그는 하느님께서 자신의 한정된 여건 내에서 반드시 자신에게 도움이 되어야 한다는 생각을 이제 더는 하지 않는다. 더 나아가 그는 모든 것이 존재하는 그대로 모두 올바르다는 사실을 의심 없이 받아들인다. 만일 하느님께서 당신이 침묵하시는 의미를 깊이 있게 통찰하도록 우리를 이끄셨다면, 그렇듯 우리의 신앙은 이미 성장한 것이요, 이 같은 신앙 안에서 하느님에 대한 열정은 한층 심화될 것이다. 어떤 이가 교회를 위해 기도할 경우, 곧 거룩한 이들의 통공을 통해 자신이 교회와 단단히 결속되어 있음을 자각하고픈 소원을 빌더라도, 개인적으로 자신의 기도에 하느님께서 귀를 기울이실지 장담할 수 있는 것은 하나도 없을 것이다. 그는 다만 교회의 관심사, 교회의 축성, 하느님께서 교회에 베푸시는 도움 등등 자신이 상상할 수 있는 것보다 훨씬 더 다양하고 더 많은 것들이 존재한다는 사실을 경험할 것이다. 교회는 세상 전체를 향해 널리 퍼져 나갈 것이요, 따라서 교회가 기울이는 세상에 대한 열정은, 설령 우리가 교회를 어떤 형식 안에서(만) 알아볼 수 있다고 하더라도, 어느 한 가지 관점에서(만) 판단할 수 없을 만큼 아주 광범위하게 이루어진다. 그러므로 항상 교회의 심정으로 기도하는 자는 더 멀리까지 내다보고 마음 써야 하는 까닭에 그가 청하는 바람은 그의 사랑과 그의 부가적인 설명에도 불구하고 전망할 수 없는 채로 남게 될 것이다. 관심 및 열정이든 기도든 청원이든 모두 다 사람의 감각으로는 검증할 수 없는 하나의 움직임 안에서 이루어진다. 그럼에도 기도하는 이의 신앙은 그와 같은 움직임 안에서 효과를 발휘하게 되는데, 본래적으로 그는 하느님의 침묵이 무한하게 작용하는 효과를 알기에, 그분의 침묵에 그의 기댈 곳 없는 침묵이 다가가 하나가 된다. 그는 하느님께서만 홀로 이루시도록 맡기고 그분께 자신의 기도를 넘겨 드릴 것이니, 값을 치르지 않고서도 하느님의 은총 안에서 편히 쉬게 될 것이다. 그렇게 그는 반복하여 한 발짝 한 발짝 걸음을 옮기면서 꾸준히 하느님의 침묵에 대한 이해에 차츰차츰 더 가까이 다가서게 될 것이다.

그렇게 되면, 어느 순간 기도하는 이에게 날마다 바치는 기도 시간 및 화살기도의 횟수와 일상적으로 살아가면서 습관적으로 혹은 세상살이를 위해 할애하는 숱한 시간과 정성을 서로 비교할 때 상대적으로 너무 적다는 생각이 들 수 있다. 그래서 그는 하느님에 의해 창조된 사람이란 입장에서 [새롭게] 살아갈 결심을 할 수도 있을 것이다. 그리하여 하느님께 모든 것을 바치겠다는 계획을 세울 수 있다. 그러면서 그가 소유하는 모든 것을 가지고 수도 생활 외에 그 어디서도 그처럼 풍부하게 그 자체를 드러내지 않는 하느님의 침묵 앞에 자신을 세우려고 결심할 수 있다. 그렇게 그 결심을 행동으로 옮기는 자는 보통 신앙인들이 이미 자신들의 개인적인 기도의 지속과 효과를 위해 스스로 절제하며 살아가는 일련의 통제 수준에 그의 삶 전체를 내맡기는 것으로 만족하지 않을 것이다. 이제부터 그의 인생의 목적은 전적으로 하느님께 속한 삶을 영위하는 데에 있기 때문이다. 그리고 그에 적합한 수단은 협의하는 삶이다. 그러니까 그런 협의 속에서 [하느님께] 순종하기로 결정할 경우 자신의 고유한 의지를 내려놓으며 살아가는 것이다. 어느 수도 공동체에든 입회할 경우 누구나 어떻게든 자신이 누구이며 무엇을 봉헌할 것인지, 예컨대 그의 시간, 그의 소유, 그 자신 등등 나름 숙고하기 마련이다. 그러나 그는 하느님께서 자신에게 동참을 허락하시는 당신의 침묵 안에서 자신에게서 그리고 자신의 존재로부터 무엇을 이루시려는지 알지 못한다. 다만 기정사실은 그가 지금 존재하는 모습 (그러니까 아직 자신을 봉헌하기 이전의 모습) 그대로 계속 머물러 있지는 못할 것이란 점이다. 그의 시간과 소유(물)는 바뀔 것이다. 우리가 희생이라고 일컫는 그것은 [앞으로 시작하게 될] 수도 생활의 원천적인 토대가 되겠지만, 그것이 수도 생활 자체는 아니다. 사람이 '예'라고 응답하는 말은 일종의 약속이지만, 그렇다고 그 말이 약속의 철저한 이행을 내포하진 않는다. 또한 그렇듯 사람이 이제 자신을 봉헌하는 상대가 되시는 하느님께선 그가 평범하게 살아오는 동안 어쩌다 사귀게 되는 그런 사람들과 반드시 똑같으실 리 없다. **하느님의 초대**를 의미하는 수도 생활은 곧 그분의 침묵에 동참하는 행위로서 과연 무한히 크고 또 전체를 개관할 수 없어서 그(침묵) 바깥에서는 결코 제대로 상상할 수 없을 뿐더러 더더욱 올바로 판단할 수 없다. 사람의 모험은 희망을 통해 진행된다고 할 수 있는데, 하느님께서는 당신이 기꺼이 받아들이신 희생에 대하여 당신의 은총을 통해 가장 합당한 것이 봉헌하는 자에게서 이루어지도록 섭리하실 것이다. 그러나 근본적인 동의를 표명한 경우 어쩌면 희생은 이미 그것이 지닌 대부분의 특성마저 다 내려놓는 것이라고 본다. 왜냐하면 사람들에게 희생이란 익숙해져 있는 것에 대한 포기를 뜻하기 때문이다. 과연 그동안 익숙해져 있던 것은 수도 생활 안에서는 비워져야 할 것들이다. 왜냐하면 하느님께서 그때마다 가득 채우시는 당신의 침묵으로 기도하는 자의 삶을 [새롭게] 다듬어 주실 것이기 때문이다. 그리하여 기도하는 자는 계속해서 낯선 것을 상대하고, 그러는 가운데 낯선 그것을 [자신의 삶 속에] 끼워 넣으려 하지만, 그렇게 끼워 넣는 자리와 자신의 고유한 자리를 [구분하여] 경험한 적이 없다. 그렇게 그는 [과거에] 그때마다 자신이 처리한 것을 하느님께 내맡기듯 넘겨 드려 왔다. 그러나 하느님께서는 이제 그에게 그가 몸담은 교회와 구원받아야 할 세상을 향한 열정에 대해 스스로 처리하도록 위임하신다. 당연히 그에게 진부하게 전달된 듯 여겨지는 어떤 규칙이나 원칙에도 그가 얽매이지 않는 가운데 처리할 수 있도록 말이다. 하느님께서 요구하시는 것은 **기도**요 순수한 봉헌 외에 다른 것이 아니다. 그러나 이 같은 순수한 기도, 이같이 아무것도 화려하게 치장하지 않은 봉헌은 극도의 벌거벗음을 의미한다. 사람이 아무런 대안 없이 바치는 [순수한] 자기희생은 하느님께서 기꺼이 침묵으로 받아들이시는 자신의 기도에 대한 모든 가능한 제안에 동의하는 마음으로 하느님과 마주하는 것이다. 이때 침묵은 기도의 모든 가능한 제안을 완전히 하찮은 것으로 돌려 버린다. 기도하는 자가 어떤 정해진 과제와 연계하여 그런 경지에까지 이르게 되었다면, 그 과제는 어느덧 완결된 셈이지만, 사람은 하느님에 의해 자신에게 맡겨진 과제들이 하나하나 해결되는 중에도 하느님을 발견하지는 못한다. 그럼에도 그와 같이 (미리) 개관할 수 없는 신비 안에서 요구받은 삼위일체 하느님에 대한 인식과 관련하여 그는 훨씬 더 풍부하고 알찬 깨달음을 얻는 만큼 크게 성장한 자신을 발견하게 될 것이다. 그리하여 하느님과 사람 사이에 더 이상 아무것도 방해하지 않아서 그 둘 사이의 관계가 아주 가까워져 마치 서로를 잇댄 봉합선조차 눈에 띄지 않듯이 하나가 될 것이다. 하느님께서는 봉헌하는 사람의 희생을 기특하게 여기실 것이다. 그래서 그분의 완전한 침묵 안으로 그 사람을 감싸 주실 것이요, 그렇게 그와 마주하는 그분의 침묵은 그를 감싸 안고 위로 치솟음으로써 그는 더 이상 아무것도 듣지 못하게 될 것이다. 위로 치솟는 상승의 끝은 **어두운 밤**과도 같다. 거기서 사람은 하느님을 직관하는 경지에 들어가 성부께서 그를 성자의 십자가 처형이 벌어지는 장소로 데려다 놓으실 것이다. 거기서 그는 [성자처럼] 성부께서 자신에게서 떠나 버리심을 통감하면서 애타게 부르짖게 될 것이다.

여기서 잠시 되돌아본다면 다시금 알아볼 수 있는 것이 있을 터인데, 그것은 우리가 아주 단순한 기도로써 어느덧 미리 개관할 수도 없고 아무런 응답도 들을 수 없는 하느님의 침묵 안으로 들어가 있다는 사실이다. 인간적인 침묵에 익숙한 자는 자신의 이웃에게 마음을 열 수 있다. 그래서 희망을 갖고서 그 이웃에게 묻거나 도움을 청할 수 있으니, 그것은 자신에게 너무 힘겨운 것이 다른 이에게는 손쉽게 해결될 수 있기 때문이다. 하지만 그와 같은 침묵으로 하느님께 마음을 열 경우, 그 속에 품어진 희망은 이미 일종의 그리스도교적인 희망임에 틀림없다고 보는데, 이는 또 다른 차원에서 희망을 갖는 것을 뜻한다. 그러니까 순수 인간적인 채움(완성)을 능가할 뿐만 아니라 어떤 문제 혹은 과제의 해결에 이르는 방식에 있어 완전히 개방되어 있음을 뜻한다. 그것은 오로지 신앙만이 그 길을 당당히 걸어갈 수 있는 차원에 들어서게 되었음을 가리킨다.

—— *A. v. Speyr* ——

사람은 하느님을 지각할 수 있는 능력을 갖추고 창조되었다. 그리고 질문과 대답을 통해서, 그 대답이 적절한지 나름 알 수 있는 방식으로 다른 사람과 대화할 수 있듯이 성부의 말씀을 알아듣고 하느님께서 자신을 이끄시는 것을 의식하면서 하느님과 대화할 수 있다. 이러한 이끄심은 하느님께서 천지 창조 때 일곱째 날에 창조주로서 적극적으로 활동하시던 것을 멈추고 가만히 관조하시는 상태에 사람이 은총에 힘입어 참여하게 된 것을 의미한다. 그 같은 관조 상태는 하느님께서 당신이 이루신 창조 활동을 멈추고 가만히 음미하시는 가운데 낙원에서 편안히 계시는 상태를 가리킨다. [그런데] 적극적인 활동은 하느님께서 조용히 음미하시던 그곳으로 가기 위해 따로 시간을 내셨던 것처럼 그렇듯 사람의 몫으로 넘겨졌다. 하지만 사람은 그리로 나아가지 못하고 잘못된 쪽으로 적극적이었으니, 그처럼 하느님 앞에서 죄를 저질러 몸을 숨기는 데에 급급했던 것이다. 그러므로 이 관계를 다시 되돌려야만 한다. 다시 말해 하느님께서 적극적으로 사람을 이끄시고, 사람은 하느님을 향해 관조적으로 바뀌어 모든 것이 제자리를 찾도록 해야 한다는 것이다.

죄악은 그렇게 사람이 정작 가야 할 길을 찾아 나서는 데에 무능하게끔 만든다. 이런 죄악을 거슬러 성자께서는 성부께 자신의 완전한 순종을 실현하셨다. 그로써 그분께선 사람에게 하느님께 갖춰야 할 온순한 태도를 되돌려주셨다. 그러한 태도는 무엇보다도 관상 안에서 실현된다. 그러니까 사람이 하느님께서 이끄시는 대로 자신을 내맡기는, 완전히 자신을 봉헌하는 자유로운 기도 안에서 말이다. 그래서 그의 오성은 활동을 멈추고 그의 원의도 더 이상 일어나지 않는 가운데 그가 그때마다 던지는 물음에 알맞은 대답을 알아듣게 될 것이다.

《성경》에 기록된 바에 의하면 '성자 외에는 일찍이 하느님 아버지를 본 사람이 없다.'(요한 1,18)고 하였으니, 성자께서는 사람으로서 성부를 알아보는 (직관) 능력을 가지신 분이다. 그러한 직관 능력은 성부께 완전히 순종하는 것을 방해하지 않았다. 그러므로 성자께서는 그러한 직관 안에서 성부의 뜻 외에 다른 것은 아무것도 추구하지 않으신 것이다. 그분은 자신의 직관에 근거하여 어떻게든 순종의 의무에서 벗어나고자 애쓰신 적이 없다. 오히려 그분의 직관은 어떻게 하면 더 순종적인 아들이 될 수 있는지 하는 마음을 북돋았다. 하느님으로서 성자께서는 사실 그렇듯 노력하는 마음이 필요하지 않았지만, 사람인 우리에게 그런 마음을 보여 주기 위해 그 길(방법)을 택하신 것이다. [그러니까] 그분 자신의 직관Schau을 우리에게 직접 건네주심으로써가 아니라 관상의 은총을 우리에게 베풀어 주심으로써 하느님 아버지께 나아갈 수 있도록 말이다. 그러므로 그분은 우리가 하느님 아버지의 뜻을 보다 더 명료하게 알아들을 수 있는 수단으로서 관상을 택하신 것이다. 그리하여 우리 자신에게 우아하고 멋져 보이는 방식으로 하느님 아버지의 뜻을 실천하게끔 하려는 것이 아니라 주님의 신부인 교회에 아낌없이 봉헌하는 가운데 하느님 아버지의 뜻을 실천하게끔 말이다.

하느님께서는 환시를 통해서도 관조하는 어떤 것(관상의 대상)에 이르게 하실 수 있을 만큼 자유로우시다. 나아가 그분께서는 맹목적인 신앙을 다시금 관조하는 신앙으로 바꾸실 수도 있다. 하지만 이러한 관조 역시 그분의 침묵에 속한다. 그분께서는 허락하신 관조 뒤에도 당신의 몸을 숨기실 수 있기 때문이다. 이는 하느님의 계시가 어떤 완료된 사태에 대해 스스로도 만족할 수 있는 완전한 이해를 신앙인에게 선사하는 것이 아니라, 철저히 어떤 신비의 특성 속에서 받아들일 수 있는 여지를 제공하는 것을 의미한다. 그것은 교회를 위해, 곧 이 세상에서 신앙이 갖는 공공의 유익함을 위해 의미가 있다. 예외적으로라도 한 번쯤 관조하는 사람에게 중요한 것은 그를 위로하는 가운데 어떤 상태에서 하느님께서 원하신 또 다른 상태로 변화시키는 직접적인 환시나 음성에 대한 체험이다. 그러나 이것이 한 개인을 상대로 이루어진 경우라 해도 그와 같은 선물을 받은 자에게 어떤 특별한 파견 임무가 주어지는 것을 전제한다. 그러니까 그 어떤 사적인 환시도 전체 교회의 신앙을 위해 어떤 의미를 갖는다는 말이다. 그 의미는 어쩌면 한순간에 거의 드러나지 않을 수도 있겠지만, 그럼에도 그렇듯 은총을 받은 자의 파견(임무)과 단단히 결합되어 있다. 하느님께서는 그에게 다른 사람에게 나눠 줄 은총을 베푸신다. 그렇게 하느님께서는 친히 선택하신 이를 거쳐서 굳이 그를 도구처럼 사용하는 목적을 밝히신다. 그러나 하느님께서는 당신 자신을 결코 직접적으로 보여 주시지는 않는다. 보이는 것(환시)은 침묵에 의해서 파악되어야 하기 때문이다. 이 침묵은 원천적으로 성자의 십자가 위에서 목격하는 성부의 침묵에서 비롯한다. [그러니까] 성자의 부르짖음에 성부의 아무런 응답 없음이 전부인 바로 그곳에서 성자께서는 더 이상 성부를 보지 못하지만, 그럼에도 그 절체절명의 고통 속에서도 부활의 확신을 움켜잡을 수 있게끔 하는 침묵이 존재했으니, 바로 그것이 모든 침묵의 원천이다. 바로 그 순간에도 성자께서는 곁에 매달린 죄수를 향해 자신과 함께 낙원에 들어갈 것이라고 약속하셨기 때문이다. 그래서 [십자가 위에서조차] 성자께서 깨달으신 것은 설령 그분 스스로 택하신 고난과 순종으로 말미암아 일순간 모든 것을 빼앗겨 버리는 체험을 하게 될지라도, 하느님께 속한 신비에 대해 자신이 알고 있는 지식의 한도 내에서 자신의 위치 및 존재를 받아들이는 자세였다. 그동안 느끼면서 확신했던 모든 것이 성자에게서 무너져 내리는 와중에 저 죄수에게 건넨 낙원 약속과 성부를 향한 자신의 울부짖음 사이에는 일련의 시간적 간격이 자리한다. 그러나 이 같은 무너져 내림 와중에도, 곧 그와 같은 절망 속에서도 성부께서는 당신의 침묵에 대한 환시를, 다시 말해 당신의 천상 행복에 대해 확신할 수 있는 은총을 선사하신다. 그 확신 안에서 성자께서는 **가려진 자**로 자처하시듯 **감춰진 자**로 등장하시면서 동시에 **침묵하는 자**로 자신을 드러내신다. 그와 동시에 성자께서는 오로지 세상을 구원하러 온 자신의 사랑만 체감할 수 있도록 내세우고 싶은 의로움 및 권리와 관련해선 자신을 멀찍이 떼어 놓으셨다.

이 같은 성자의 사랑은 사람인 동정녀 마리아를 통하여 몸을 취하셨기 때문에, 천주의 모친이신 마리아가 보여 준 삶은 우리가 관상 생활을 해 나가는 데에 있어 아주 큰 의미를 전해 준다. 성모님의 삶이 직접적으로 교회의 내적인 삶의 모범이 된다는 말이다. 그러므로 관상에 임하는 자는 성자를 기다리는 성모님의 관상에 참여하는 기회, 성모님과 성자의 만남에 참여하는 기회, 성모님의 삶 속에 일어나는 수많은 상황들 안에서 교회가 성장해 가는 소중한 기회를 얻게 된다. 그리하여 성부께서는 일찍이 성령께서 동정녀 마리아에게 임하시는 동안 침묵하신 것처럼 그런 모든 사건들 뒤에 침묵하시면서 함께 계신다. 성부께서는 당신의 뜻이 지금 성령을 통해 또 성자를 통해 그리고 믿음을 가진 사람들을 통해 채워지기 때문에 침묵하신다.

― *A. v. Speyr* ―

 수도 생활을 결심한 자는 그런 생활이 어떻게 작용하기에 하느님께서 그 사람을 변화시켜 참된 삶으로 이끄시는지를 그 어떤 정확한 기준에 의거하여 알 수도 없거니와 상상조차 하지 못하면서도 깨닫게 된다. 그러나 하느님께서 함께하시면서 참된 삶으로 이끄시는 이 변화는 또 다른 형태로 이 세상에서 그리스도인의 삶을 구현해 나가는 데에 앞장선 사람들에게도 제안되었다. 모든 신앙인은 그리스도를 통하여 세례 때에 새롭게 태어나는 경험을 한다. 그렇게 모든 신앙인은 누구나 이 세상에서 하느님께서 당신의 소유로 아끼시는 사랑에 들 수 있으며 또 그것을 경험할 수 있다. 만일 수도 생활을 결심한 자가 자기 자신을 봉헌하는 그 순간 완전히 새로운 사람이 된다고 한다면, 그에 비해 부족하나마 신앙인(평신도)은 이 세상에서 (설령 그가 어쩌면 자신이 알고 있는 그런 모습으로 계속 남아 있었으면 하고 바라듯 미련을 두고 있다 하더라도) 하느님께서 자신을 변화시키시는 것을 완전히 포기하려 하지는 않을 것이다. 그는 자신에게 놓인 여건 내에서 자신을 위해 그리고 더 나아가 자신의 주변 상황을 위해 하느님께서 그에게 기대하시는 그런 모습의 사람이 되기 위해 도움이 되는 수단들을 찾아내려고 노력할 것이다. 만일 자신이 하느님께 속한 것을 앞서 올바른 방식으로 얻어 누리지 못했다면, 그러한 신적인 것은 스스로가 그와 관련하여 아무것도 중재할 수 없었음을 깨달을 것이다. 그래서 그가 그러한 신적인 것을 제대로 받을 수 있기 위해선 하느님의 은총을 받을 만한 사람이 되도록 노력해야 한다는 사실도 잘 알 것이다.

그가 얻어 누릴 몫과 그에 앞서 이뤄져야 할 자신의 변화는 어디서든 경험할 수 있는 것들이긴 하지만, 아주 긴밀하게 결합되어 있는 데다가 결코 그 전체를 가늠하거나 개관할 수 없다. 왜냐하면 그런 것들은 하느님께서 손수 다루시는 것들의 일부로서 하느님께서 영원에서 영원까지 섭리하시는 것들에 속하기 때문이다. 신앙인은 [다만] 자신을 더 성숙하게 하거나 자신의 실수를 더 적게 하거나 하느님을 더 기쁘게 해 드리고자 기도할 수 있으며, 날마다 관상을 위해 시간을 할애할 수 있다. 그러나 하느님께서 어떤 식으로 자신에게 작용하셨는지 알기에는 그가 스스로 이뤄 낸 성장 혹은 성숙함의 크기가 너무 왜소하여 그것을 잣대 삼아 측량할 수는 없다. 그는 그저 자신이 하느님의 침묵이란 신비에 부분적으로 참여한다는 사실, 자신의 기도와 자신의 노력과 함께 무엇보다도 성자께서 앞서 자신에게 베푸신 은총을 통하여 이 세상에서 들어 올려져 전적으로 성부께 속하는 저 하느님 나라에 들어갈 수 있게 된다는 사실, 그리고 자신이 마침내 성부의 가려진 처소 그 어딘가에 감히 들게 될 것이라는 사실을 알고 있다. [수도원에 입회하게 되면,] 그는 아주 완전히 낯선 이방인처럼 될 것이니, 만일 그가 자기 자신을 찾아 나서기라도 한다면 어쩌면 무언가를 찾겠지만, 그것은 더 이상 [하느님께서 원하시는] 자기 자신이 아닐 것이다. 기껏해야 그것은 하느님께 나아가는 데에 장애가 되는 것에 불과할 것이다. 왜냐하면 그것은 하느님의 섭리와는 거리가 먼 아주 완고한 것이요 세상에 너무나 길들여져 있는 것이기 때문이다. 그러므로 그는 하느님의 알려지지 않은 섭리 방식에 자신의 정신과 마음을 오롯이 믿고 내맡겨야 한다. 그리고 그 방식만을 좇아서 실수 없이 자신이 생각하는 것 이상으로 계속해서 앞으로 나아가야 한다. 왜냐하면 일찌감치 그가 '예'라고 응답한 것은 기꺼이 근본적으로 가려져 계신 하느님의 어둠 속으로 깊숙이 들어가는 것을 내포하기 때문이다.

그렇게 그는 자신의 사도직에 충실하면서 그리스도교의 정신을 새기는 교회를 보다 더 매력적으로 만들려고 노력할 것이다. 그러나 그의 사도직 활동을 통해서 그에게서 효과가 일어나는 보다 더 큰 영역이 존재한다. 세상의 덧없는 삶을 통해서 영원한 삶을 통제하길 바랄 순 없다. 오히려 그 영원한 삶이 허용하는 범위 내에서 주어질 몫을 열심히 바라며 최선의 경우 그 일부에 지금부터 앞서 참여할 수 있을 뿐이다. 항상 하느님을 어떤 방식으로도 조정할 능력이 없을 뿐더러 그것을 감히 바랄 만한 처지도 못 되는 사람으로서 우리는 이미 이 지상에서부터 우리 자신이 이해할 수 없는 형식 안에서 하느님과 함께하는 데에서, 그러니까 영원한 세계에 부속하는 하느님의 소유(재산, 財産)가 되는 데에서 [본래의] 기쁨을 찾아야 한다.

관상 기도의 전체 범주에는 하느님의 '점점 더 커지심das Je-Mehr'이란 것이 작용한다. 사람은 적극적으로 활동하는 중에도 그에 대해 깨닫기에, 마땅히 그것을 추구해야 하지만, 그렇다고 자신이 나름 할 수 있는 노력과 긍정적인 태도를 그 이상 더는 고려할 필요 없다는 마음으로 추구할 것이 아니라 소위 '(어떤 일이) 이루어지도록 내버려 둠Geschehenlassen' 안에서 추구해야 한다. 달리 말해 우리는 창조된 실재, 신앙, 교회 곁에서 잘 다져진 이 세상의 토대를 취하면서 동시에 하느님에 대해 우리가 미처 다 알 수 없다는 자세로 모든 것에 임해야 하듯, 하느님께 내맡겨야 한다는 말이다. 우리는 그리스도께서 그때마다 가르치신 말씀과 연결시켜 이 같은 자세를 취해야 할 순간을 가늠할 수 있다. 우리는 주님의 말씀을 이해할 수 있도록 허락받았다. 그것이 계명일 수도 있고 경고 혹은 교훈일 수도 있겠지만, 그 말씀은 항상 종국에는 침묵의 바다에 이르러 마침내 거기서 그 의미가 충만하게 채워지는 순간까지 그 모든 것을 거쳐 흘러갈 것이다. 우리가 이 지상에서 살아가면서 항상 예의 주시하며 함께 걸을 수 있는 그리스도의 온전한 모습은 [사실] 오직 성자만이 꿰뚫어 보실 수 있는 성부의 침묵 안에 가려져 있다. 사람이 되신 예수님의 생애 끝자락에서 그동안 우리가 볼 수 있게 된 성자, 우리가 들을 수 있게 된 말씀 또한 성부의 침묵으로 되돌아가셨다. 그리하여 우리는 성부와 성자와 성령께서 함께하시는 그 침묵 안에서 지금까지 삼위일체 하느님에 관하여 경험했던 것보다 훨씬 더 엄청난 것을 경험하게 될 것이다. 하느님의 말씀은 그분이 지상에서 취하신 (사람의) 모습으로 인하여 인간적인 언어로서 부딪혀야 하는 한계를 따라 그동안 [세상에] 부분적으로 수용되고 이해되어 왔었다. [그러므로] 성부를 통하여 우리가 지각할 수 있게끔 오로지 그분 앞에서만 반복하여 그 말씀이 발설되어 오다가 마침내 그분의 무한하심이란 절대적인 형식을 다시 취하게 된 순간, 그 말씀이 성부의 침묵 안을 휘돌아 울려 퍼짐으로써 사람은 오직 침묵으로만 들을 수 있는 그 말씀을 [비로소] 알아듣게 된 것이다. 왜냐하면 하느님의 은총을 통해 영입될 수 있는 저 영원한 생명의 나라에는 그 같은 침묵이 안성맞춤이기 때문이다.

만일 우리가 신앙의 눈으로 방금 죽은 자를, 그러니까 좀

전까지 스스로 움직이고 말하다가 이제 막 몸이 굳어져 침묵으로 일관하는 자를 마주하게 된다면, 그와 같은 변화는 우리에게 달리 아예 처음부터 생명이 없었던 것들을 관찰하는 경우에 비해 훨씬 더 낯설게 여겨질 것이다. 그러나 우리가 이제 막 염殮을 하는 자리에서 위령 기도를 바칠 때, 이 기도는 하느님 앞에서 망자의 첫 번째 침묵에 참여하는 것이라고 한다. 그 기도는 하느님께 나아가도록 망자를 곁에서 지켜주며, 교회가 성자에게 자신이 얼마나 활기 넘치게 [서로를 위로하며] 살아가는지를 증명하는 방식 가운데 하나다. 그러한 기도 예식을 통해서 교회는 사라져 버리는 시간의 세계를 넘어 망자를 하느님께 데려다준다. 교회 자신은 침묵하지 않지만 그렇게 교회 공동체가 바치는 기도로 침묵하는 망자를 가슴으로 품어서 실어 나른다. 교회는 결코 망자의 어떤 말을 이해하려고 애쓰지 않으며 영원한 세계로 나아가는 그 망자를 위해 지상에서 망자가 했던 말들을 모아서 추모하지도 않는다. 오히려 교회는 자신에게 맡겨진 전례 기도에 전념하며, 그 자리에서 모든 이들에게 유익하고 알맞은 주님의 말씀을 되새기게 해 준다. 그로써 하느님께서 허락하신 교회의 온갖 위로와 행위들을 통해 망자를 그리스도의 형제로 기꺼이 받아들여 주시리라 희망하면서 말이다. 망자를 위한 기도는 교회가 하느님의 침묵에 대해 숙지하고 있음을 고백하는 표현이다. 마치 깨끗한 모시옷(수의, 壽衣)이 망자를 감싸는 것처럼 당신의 침묵이 망자 주위를 감싸고 있음을 [거룩한 이들의 통공과] 함께 고백하는 것이다. 그래서 그것은 망자가 이제 관상의 기도, 침묵하시는 하느님(만)을 꾸준히 바라보는 일종의 훈련을 고무시키는 것과 같다. 죽음은 망자가 이제 영원한 나라 안을 들여다볼 수 있도록 문 앞으로 데려다주는 사건이다. 그리하여 망자는 그 문에 이르기까지 [교회가] 인도하는 길을 따라 걸으면서 심판을 거치고 정화됨으로써 완전한 직관의 능력을 선물로 받게 될 것이다.

9장

성부의 말씀과 기도

인간은 제 탓으로 자신의 언어를 잃어버렸다. 죄를 저지를 때 자신의 언어를 이용함으로써 모두 격앙된 말들로 변했고 낙원으로부터 추방되면서 그의 언어에도 특이한 속성을 흔적으로 남겼다. 한마디로 죄악이 점점 깊어지고 늘어나는 언어가 되어 버렸다. 반면 하느님의 언어는 변함이 없다. 그래서 인간이 그분의 말씀을 대할 때 가장 먼저 자신의 죄성을 감안하고서 파악해야 한다. 만일 기도로 하느님과 대화를 나눈다면, 인간은 부적절하고 불완전한 언어를 적절하고 완전한 언어 앞에 늘어놓는 것과도 같다. 그러므로 소통하기 위해 하느님의 말씀이신 성자께서 사람이 되셨다면, 성자께서는 성부의 말씀을 우리가 알아듣게끔 또 우리의 불완전한 기도를 성부께서 받아들이시도록 옮기는 통역자인 셈이다. 따라서 교회의 중심에는 그렇듯 말을 통해 빵과 포도주를 그리스도의 살과 피로 변화시키는 성사가 무한하신 하느님의 영원성에 참여하는 몫을 보증한다. 성자께서는 그렇듯 사람들을 성부께 되돌려 놓으시면서 자신도 되돌아가실 것이다. 그러므로 그리스도의 신부인 교회 역시 성자의 모범을 뒤따라야 하는데, 가장 먼저 그 길을 걸었던 분이 동정녀 마리아다. 그래서 모든 그리스도인은 기도하는 자로서 성모님의 뒤를 따라야 한다. 예컨대 "말씀하신 대로 저에게 이루어지기를 바랍니다." 하고 응답한 성모님의 기도는 교회 전체가 하느님의 부르심에 마땅히 응해야 할 대답이란 점이 분명하다. 그리하여 만일 그리스도인이 기도한다면, 하느님께서 표현하시는 말씀을 넘어서 침묵으로 건네시는 말씀에도 귀를 기울여야 한다. 말없이 아니 우리가 알아듣는 말씀의 차원을 넘어서 행동으로 보여 주시는 하느님의 행적들이 존재하기 때문이다.

하느님께서 하느님 곁에 머무시는 곳에선 모든 것이 신적인 의미를 지닌다. 말씀과 침묵 그리고 하느님께서 하느님과 하나이신 그 자리에선 모두 신적인 것들로, [그러니까] 하느님에 의해서만 이해되어야 하는 내용으로 채워진다. 아담이

하느님을 경험한다면, 본래부터 경험이란 것이 존재해야 할 것이다. 당연히 아담은 하느님의 손에서 생겨난 존재요, 그래서 그의 첫 번째 기억은 자신의 존재가 완전히 새롭고 좋은 세상에서 하느님과 마주하여 서 있는 것이다. 그 세상은 하느님께서 그렇게 보셨듯이 좋은 세상이다. 그런 의미에서도 성자와 성령께서는 성부께서 만드신 작품에서 좋은 것을 경험하셨고 성부의 뜻에 동의하셨다. 그 세상에서 [창조된] 첫 번째 사람은 순수한 존재에 속하긴 하지만, 하느님의 내적인 대화가 그에게는 아직 낯설다. 그는 어떤 위계질서 위에 따로 서 있고, 아무런 걱정도 호기심도 없이 묵묵히 존재한다. 그는 성부의 영원하신 존재 앞에서 좋게 만들어진 존재로서 그때마다 이러저러한 모습을 취하는 사람이다.

그러나 만일 죄악이 단지 사람들만이 아니라 피조물 전체를 변화시킨다면, 사람은 자신이 [죄로 인해] 앞서 거부했던 좋은 것을 [다시] 찾아 나서야 한다. 그리고 그 좋은 것과 함께 하느님을 찾아 나서야 한다. 사람은 제 탓으로 자신의 언어를 잃어버렸다. 왜냐하면 죄를 저지를 때 자신의 언어를 이용했고, 그 순간부터 그의 모든 언어가 특유의 유한성과 한계에 붙들려 버렸기 때문이다. 사람의 언어는 자신이 생각한 것을 표현하는 데에 부족하지 않았지만, [죄를 범한 이후] 그의 언어는 모두 격앙된 말들로 변했고, 죄에 따른 타락으로 인해 죽을 운명과 함께 낙원으로부터 추방되면서 그의 처지는 그의 언어에도 특이한 속성을 흔적으로 남겼다. 그가 말하는 언어는 하느님의 진노, 회피, 죽음을 알게 되었으며, 단지 죄인의 입으로 말하고 마는 언어가 아니라, 속으로 자신의 잘못을 꾸며 내는 데에, 그러니까 그 잘못이 더 뚜렷해지도록 만들고 또 점점 더 늘어나도록 하는 데에 일조하는 언어다. 그래서 자신이 입으로 내뱉는 그 말에 따라 그의 귀 또한 [길들여지듯] 개조됨으로써 그는 다른 사람의 말을 듣고서 기껏 자신이 표현할 수 있거나 표현하고 싶은 그런 말로 이해하는 데에 익숙해져 간다.

[반면] 하느님의 언어는 변함이 없다. 왜냐하면 그분은 영원의 차원에서 동일한 분이시기 때문이다. 그러나 만일 하느님께서 인간적인 언어를 활용하는 방식을 택하신다면, 사람

은 그분의 말씀을 가장 먼저 자신의 죄성罪性을 감안하고서 파악해야 한다. 사람은 자신에게 건네진 하느님의 말씀을 신뢰하기에는, [다시 말해] 인간적인 의미 이상의 것을 온전히 이해하기에는 여전히 턱없이 부족할 수밖에 없으며, 더욱이 그분의 말씀을 이해할 만한 수준에서 전개시키는 능력이 부족할 뿐만 아니라 아예 신적인 진리 전부를 함축하는 그 말씀이 우리가 알고 또 상상할 수 있는 것을 뛰어넘어 무한히 더 많은 것을 내포한다는 사실에 대해 동의할 능력마저 부족하다. 만일 그가 기도하는 중에 하느님과 대화를 나눈다면, 그는 자신의 격앙된 인간적인 언어를 저 절대적으로 참된 신적인 언어 앞에 [부질없이] 늘어놓는 격이 될 것이다. 그것은 마치 부적절한 언어를 적절한 언어 앞에, 불완전하고 유한한 언어를 완전하고 무한한 언어 앞에, 그러니까 본래적으로 오해하기 쉬운 언어를 거룩한 영과 완전하신 삼위일체 하느님의 지혜와 지식이 충만한 언어 앞에 늘어놓는 것과도 같다.

만일 사람의 말과 하느님의 말씀이 서로 만난다고 할 때 성자께서 강생하시기 이전이라면, 사람은 매번 반복적으로 오해의 늪에 빠질 수밖에 없다. 사람의 말과 하느님의 말씀이 아직까진 서로 완전하게 합치되지 않기 때문이다. 사람이 귀로 들은 하느님의 말씀은 당신께서 건네고자 하신 그것과 완전히 일치하는 것이 아니다. 그 때문에 성부의 말씀이신 성자께서 사람이 되신 것이다. 성자께서는 언제나 성부의 무한한 말씀으로 계시기에, 영원성이 그 말씀에 부여하는 완전한 진리를 품으시지만, 그럼에도 우리의 습관과 규칙들 아래 몸을 맡기시면서 우리 가운데 한 사람으로 머무르신다. 그분은 모든 성인成人이 행동하는 것처럼 사람의 신분으로 행동하는 자신을 이해시키고자 스스로 배워 익히신다. 그래서 세상의 의미를 따라 자신의 어머니와 이웃들, 자신의 추종자들과 제자들이 하는 말에 귀를 기울이신다. 동시에 그분은 성부의 말씀 자체이시면서 세상의 언어로 소통하신다. 그것은 사람들이 그분에게 귀를 기울이고 이해하게 하려는 것이다. 하지만 그분의 말씀은 사람들이 익히 알고 있는 모든 것을 초월한 뭔가를 반향反響한다. 그와 같은 방식으로 그분은 또한 다른 사람의 말을 듣고 이해하시지만, 다른 사람의 말을 성심껏 받아들여 하느님 앞에서 유용한 말이 되게 하신다. 그분은 그것을 위해 통역자, 곧 말을 알아듣게끔 옮기는 자의 역할에도 관여하신다. 그러므로 하느님이신 그분이 사람이 되심으로써 성부의 말씀으로서 또한 사람의 말(언어)이 되신 것이다. 그 사건을 기점으로 기도를 위해 완전히 새로운 상황이 펼쳐진다. 왜냐하면 사람이 이제 신앙 안에서 자신의 유한하고 제한적인 언어로 말하지만, 그의 언어는 성자를 통하여 성부의 면전에서 유효한 의미를 가질 수 있게 되었기 때문이다. 하지만 자신의 말을 하는 사람이 스스로 성자와 함께 바뀌지 않는다면, 그의 말이 성자를 통해 바뀔 수 없다. 사람이 하는 말은 성자를 거치는 동안 희망을 동반하게 되는데, 그 희망은 그렇게 말을 함으로써 사람이 훨씬 더 심오하게 그리스도인으로 거듭 태어나는 것을 가리킨다. 그래서 그가 기도 중에 하는 말은 그 이전까지 효과적으로 작용하고 결실을 맺어 온 그 어떤 형태의 말보다 훨씬 더 의미심장한 것이 된다.

A. v. Speyr

하느님과 사람 사이에서 말씀의 주재자이자 통역자로서 성자께서는 당신의 신부인 교회에 자신과 닮은 역할, 곧 알아듣게 설명하는 역할을 위임하신다. 그렇게 자신의 고유한 모습에 어울리는 교회를 세우신 것이다. 그분은 자신이 성부와 성령과 함께 나누는 삼위일체의 신비에서 흘러나오는 놀라운 것들을 교회 안에 [보관하시듯] 맡겨 두셨는데, 그것들이 사람(들)에게 전달되기를 바라신다. 그러므로 교회는 사람들에게 이를 전해 주는 능력을 갖추게 되었다. 그리하여 교회의 중심에는 말을 통해 변화를 일으키는 성사가, 그러니까 하느님께서 내어 주시고 또 몸소 받아들이시는 행위, 곧 빵과 포도주를 그리스도의 살과 피로 변화시키는 성사가 존재한다. 그리고 그 몸을 받아 모시는 자는 누구나 그분과 한 몸으로 거듭나게 된다. 하느님의 말씀이신 그 몸은 구체적인 것이지만 그렇게 변화시키는 말을 통해 구체적인 것 이상의 구체적인überkonkret 것으로 바뀐다. 그렇듯 변화시키는 말이 그 자체의 한계치에서 튀어 오름으로써 그분의 몸은 모든 이를 위한 몸이 되고, 마침내 무한하신 하느님의 영원성에 참여하는 몫을 보증하게 된다. 이때 신앙인은 빵과 포도주의 형상 안에 감추어져 있는 하느님의 절대적이며 완전하게 변화하는 행위가 그와 같이 실현된다고 신앙 안에서 받아들이는 한편, 하느님께서는 [성체가 계속 사람들에게 영혼의 양식으로 다가가듯] 여전히 이 지상에 머물러 있는 사람도 잊지 않으시니, 그것은 그가 그렇게 교회 안에서 온전히 그리스도의 한 지체로 살았으면 하고 바라시기 때문이다.

사람은 빵만으로 살지 못하듯이, 신앙인 역시 성찬식만으로 살지 못한다. **말**로 이루어지는 그의 기도는 성자 안에서 온전히 변화하지만, 이 변화 역시 나름 교회적인 측면을 지닌다. 성자에게서나 교회에서나 신앙인은 자신의 말이 받아들여지는 것을 느끼며, 둘 사이의 교류는 일종의 사랑의 신비를 이룬다. 어느 한쪽도 다른 쪽이 받아들임으로 인해 해를 입지 않는다. 교회 역시 그와 같으리라는 믿음은 교회를 자신에게 어울리는 신부로 세우신 성자의 의지에 부합하는 것이다. 성자께서는 교회에 의해 받아들여진 기도에서 귀한 보석을 연마해 내실 것인데, 그 보석은 삼위일체 하느님께서 당신 마음에 들어서 [다시 사람에게] 나눠 주실 **기도의 보석**만이 아니라 신앙인들이 서로 단단히 결합하여 서로를 위해 살아가는 공동체를 가리키기도 한다. 모든 신앙인은 저 기도의 보석에 의해 든든한 지원을 받지만, 교회 안에서는 기도하는 자든 기도하지 않는 자든 하나의 교회 안에 함께 머무는 구성원이라는 점에서 성자를 통해 이뤄지는 변화의 일정한 몫을 공동으로 나눠 받는 식으로 모두 지원받는다. 기도의 말은 이웃 안에서 열매를 맺게 되는데, 이때 열매는 성자께서 주신 사랑의 계명이 행동으로 드러난 것들을 가리킨다.

―― A. v. Speyr ――

성자께서 이 세상에 당신 모습을 드러내시는 순간 그분은 성부께서 사람들에게 베푸시려는 (구원의) 열매로 상징되신다. 성부께서 그 열매를 베푸시겠다는 의지는 마땅히 성자의 말씀에 힘을 실어 주고 반향을 불러일으킨다. 성자께서는 자신을 오롯이 바치실 것이요, 사람들을 성부께로 되돌려 놓으면서 자신도 되돌아가실 것인데, 이때 성자께서는 열매를 맺게 하는 자신의 말이 사람들에게서 효과를 발휘하도록 도우실 것이다. 그렇게 그분의 말씀은 사람들에게 성부께 다가가는 문이 될 것이다. 말씀이신 그분이 구원을 위해 성부의 마음에 드는 순간까지 자신을 넘겨주셨으니 말이다. 그러나 그 열매가 분명하게 드러나는 최종적인 순간은 하늘에서 맞이하게 될 것이다.

[그럼에도] 이에 상응하는 무언가가 교회 안에서, 그러니까 그분의 말씀을 통해 모인 거룩한 이들의 통공을 고백하는 교회 안에서 벌어진다. 신앙인은 누구나 그분의 말씀을 통하여 다른 신앙인(들)과 결속을 다지는데, 그의 결속은 동시에 비록 완전한 형태는 아닐지라도 자신을 넘기는 희생을 전제한다. 한편 그렇듯 자신을 넘기는 행위는 그분의 말씀을 **통하여** 수행되는데, 그것은 그분의 말씀을 **위해** 필연적이고 또 그 말씀으로부터 요구받는 것이다. 신앙인은 이웃하는 신앙인에게서 [경험하게 되는] 믿음이 자신을 위해서도 그와 똑같은 길을 걷도록 고무시키는 의미를 지닌다는 사실을 깨닫는다. 그렇게 신앙은 저 둘 모두를 교회 안에 머무르게 하며 저

들이 교회에서 취하게 될 행위, 곧 교회의 성사를 받아들이는 행위에 적극적으로 참여하도록 이끈다. 자신을 넘기는 행위(희생)는 아주 멀리까지 더 확대되진 않는다. 그 말씀이 머금은 최종적인 신비들은 그 밖의 다른 차원들과 거리를 두는 어떤 차원 안에서 사람을 통해 전개된다. 이처럼 다른 차원들과 유리된 차원은 하늘나라에서 그들의 엄청난 확장을 경험하는 이들에 대해 진정으로 믿는 사람에게 어울린다.

만일 교회가 성인들의 통공을 고백하는 공동체로서 그 구성원 모두를 하나로 규합하는 가운데 성자의 삶을 이 지상에서 계속 이어 가는 데에서 자신의 존재 의의를 찾는다면, 다른 한편으로 그리스도인 각자도 당연히 그러한 삶을 좇아야 할 것이요, 이때 그리스도인 개개인은 성부의 독생자가 보이신 유일회성, 그러니까 우리 가운데 한 사람처럼 개별적인 존재로서 반복할 수 없는 삶을 사신 성자의 그런 독특한 면모를 부분적으로 반영한다고 할 수 있다. 그리고 성자께서 교회를 위해 마련하고 기꺼이 넘겨주신 가르침으로서 일반적으로 통용되는 말씀은 (그것이 물론 유한한 말이란 점에서) 추상적인 말이 아니요, 하느님 안에서 완전히 구체적이며, 그 때문에 매 순간 유일회적인 말씀으로서 그것의 구체성 안에서 그때마다 유일회적인 사람을 상대하는 말씀이다. 그 말씀은 하느님 안에서 완전하게 파악된 말씀이란 점에서 무한한 것일지라도, 사람 안에선 그 말씀이 내포한 무한성에 대해 다만 추정할 수 있을 정도로만 유효하다. 이때 성자께서 교회에 혹은 신앙인 각자에게 선사하신 개별적인 말씀이 그분의 영원한 존재성이란 토대 위에서 시간성의 형식을 무시하거나 파기해 버리지 않는다. 그렇다고 해서 그러한 사실이 성자께서 선사하신 인간적인 말씀을 영원성의 크기를 갖게 될 때까지 우리가 계속해서 임의로 늘여야 한다거나 혹은 그 의미를 인간적인 언어가 지닌 한계를 넘어서 무한한 것으로 새겨질 때까지 연장시켜야 한다는 것을 함의하지 않는다. 오히려 그분의 인간적인 말씀도 그리스도가 삼위일체 하느님의 입장에서 시간 안에 제시한 말씀으로서 완전한 유효성을 지니며, 이 같은 유효성의 토대 위에서 영원한 의미를 갖는다. 당연히 그 인간적인 말씀의 유일회성이 시간 안에서 사라지는 일 없이 말이다. 그러니까 모름지기 오히려 그분의 구체적인 말씀이 그 자체의 의미를 집약하는 형태로나 확장하는 형태로나 영원성에 부합한다고 보아야 할 것이다.

동정녀 마리아의 '예'라는 응답의 말은 이 신비를 분명하게 보여 줄 수 있다. 마리아의 입장에서 볼 때 그 응답은 개별적이고 일회적인 말로서 마리아의 유일회적인 상황에서 나온 것이니, 그런 고유한 상황과 별개로 이해될 수 없다. 그럼에도 불구하고 그 응답은 하느님과 대면한 자리에서 벌어지는 것이기에, 이 응답을 통해서 구체적으로 하느님의 절대적인 것 자체가 드러난다. 그러니까 마리아는 그 구체적인 응답으로 그와 똑같이 하느님의 유일회적인 말씀을 경험한다. 다시 말해 성부에게서 태어나는 유일무이한 말씀이 마리아에게서 태어나게 된 것이다. 그래서 마리아는 유일무이한 존재로 머무르며, 주님의 하나뿐인 육체적인 어머니가 되는 것이다. 성모 마리아는 자신의 아기 예수를 그녀의 기도에 대한 답변으로 삼고, [우리는 성모 마리아를] 우리의 기도를 진작시키는 모범으로 삼는다. 나아가 성모님이 남긴 업적 가운데 하나는 하느님의 답변이 그때마다 얼마나 구체적인

지를 여실히 보여 주는 것이다.

그 후 성자께서는 교회를 세우기로 마음먹고 스스로 교회의 신랑으로 자처하시면서 동정녀 마리아를 영적인 신붓감의 모범적인 표상으로 들어 올리신다. 이로써 성자에게서 당신 어머니와의 관계가 발전해 나가는 양상이 눈에 띈다. 그래서 성자께서 교회 구성원 모두를 하느님께 초대하시듯이 모든 그리스도인은 기도하는 자로서 성모님의 발자국을 따라 걸어야 한다. 그리하여 이제부터 모든 그리스도인은 자신이 바치는 기도를 통해 저마다 주님의 도래를 구현하게 된다. 주님의 도래는 그렇듯 교회 안에서 저 어머니에게서 탄생하신 것에 상응하는 그런 어떤 모습으로 나타날 것이다. 따라서 성모님의 "(말씀하신 대로) 이루어지소서."란 응답이 교회 전체가 되돌려 드려야 할 답이란 점이 분명하다. 그러나 이때 군중에 묻혀서 익명으로 고백하는 기도가 아니라 하느님 앞에서 각자의 차이가 존중되는 인격적인 공동체의 한 사람으로서 고백하는 기도가 되어야 한다. 모름지기 (교회의) 직무 역시 기도를 통해 강화될 것이요, 그와 똑같이 혹은 어쩌면 그 이상으로 하느님을 향해 나아가는 신앙인 개개인의 위상이나 하느님께 봉헌하는 개개인의 활동이나 개인의 기도 또한 교회 공동체적인 특성을 지니기에 확실히 교회로부터 지지를 받겠지만, [수단이 아닌] 목적으로서 각자의 삶 역시 기도를 통해 강화될 것이다. 그런 의미에서 거룩한 이들의 통공을 고백하면서 동시에 각 개별 성인마다 특별함을 잊지 않는 것이 중요하듯이 교회 전체에 맡겨진 임무를 중시하면서도 개별적인 파견이 지닌 중요성을 놓치지 말아야 한다. 만일 하느님께서 사람이 되신다면, 그분은 최고 수준에서 인격을 갖춘 사람으로 나타나실 것이다. 왜냐하면 하느님보다 더 인격적인 가치를 알거나 나아가 그 품위를 유지하는 이는 아무도 없기 때문이다.

새로운 계약(신약)을 위해 오신 성자께서는 성부의 말씀이시자 그분의 목소리이시다. 우리가 이 말씀을 **옛 계약**(구약)을 위해 [예언자들을 통해 그때마다] 전달되는 하느님의 말씀들과 비교한다면, 당연히 성자께서는 한층 더 승화된 형태의 말씀으로 파악될 것이다. 왜냐하면 그분은 천상적인 완전한 사랑을 품고 이 세상에 오셨기 때문이다. 구약이 성부께서 이 세상과 맺은 관계를 규명하시는 모습에 주목한다면, 신약은 성자께서 삼위일체 하느님의 사랑을 직접 구현하시는 모습에 주목한다. 그러나 성자에 의해 중재된 성부의 말씀에는 단지 입으로 발설되는 말씀만이 아니라 침묵으로 전해지는 말씀, 곧 내적 친밀성으로 소통하는 말씀도 포함된다. 내적 친밀성으로 주고받는 말씀은 존재하긴 하나 결코 입으로 발설되지 않는 형태로서 경우에 따라선 기뻐하는 표정으로 자신을 알리고 다양한 몸짓으로 그 뜻을 전할 뿐 귀로 들을 수 있는 방식을 취하지는 않는다. 만일 성부께서 말씀으로 소통하신다면, 그와 동시에 침묵으로도 소통하신다. 이 이중적인 방식은 성자의 본질을 드러낸다고 하겠으니, 곧 그분은 말씀을 건네시는 중에도 침묵하시는 중에도 말씀으로 머무르신다. 이는 결국 사람을 상대하시는 하느님께서 [우리가 생각하는 것보다] 늘 '훨씬 더 크신 분Je-größer-Sein'임을 웅변한다. 왜냐하면 하느님께서는 항상 현존하시는 분일 뿐만 아니라 당신의 본질에 어울리시는 하나 됨 안에서 **그와 정반대의**

것도 당신의 것으로 삼으시기 때문이다.[6] 만일 어떤 어머니가 자기 아이에게 "그리로 가거라!" 하고 말(명령)한다면, 아이가 길을 나서더라도, 그 말은 긴 시간 아이의 귓전을 맴돌뿐더러 목표에 도달할 때까지 계속 반향을 불러일으킬 것이다. 그와 같이 아이가 순종할 때 자신의 어머니의 말(명령)과 결속 관계가 꾸준히 유지된다. 이 사례보다 훨씬 더 높은 차원에서 성자와 성부의 말씀 사이의 관계를 고려하자면, 성자께서는 당신의 목표로서 십자가의 죽음에 이르기까지 오직 자신만이 알아들을 수 있는 성부의 파견 명령을 어김없이 따르셨다. 수난과 불안, 하늘의 침묵 등 온갖 부정적인 요소들이 그 와중에 혼재했음에도 말이다. [따라서] 만일 그리스도인이 기도한다면, 그는 하느님께서 표현하시는 말씀을 넘어

---

6 니콜라우스 쿠사누스 추기경(Nikolaus Cusanus, 1401~1464)이 발견한 "대립하는 것들의 합일coincidentia oppositorum" 개념을 통해서 우리는 하느님께서는 그 모든 것을 아우르시는 '위대하신 분'임을 알 수 있다. 예컨데, 그는 자신의 대표작 《박학한 무지*De docta ignorantia*》에서 이렇게 설명한 바 있다. "(하느님) 자신은 '모든 것이자 그와 아무것도 대립하는 것이 없으며, 진리로서 대립하는 것이 없는 모든 것이란 점에서' 실체라고 보기 때문에, 그분에겐 끝없이 심히 축소시키는 식으로가 아니면 저 [만물에 속하는] 특수한 명명名名들이 어울릴 수 없다(Cum autem ipse non sit substantia, quae non sit omnia et cui nihil opponitur, et non sit veritas, quae non sit omnia absque oppositione, non possunt illa particularia nomina nisi diminute valde per infinitum sibi convenire)."(I 24,4) — 역자 주

서 [침묵으로 건네시는 말씀에도] 귀를 기울여야 한다. 왜냐하면 하느님께서 그 그리스도인에게 그리고 교회에 말없이 행하신 것들이, 그러니까 파견을 요구하시면서 몸소 동행하시는 그분의 직접적인 행적이 많이 존재하기 때문이다. 그리스도인의 신앙은 하느님의 들리지 않는 말씀을 통해서도 성장한다. 그로써 그의 사랑이 강해지고, 그의 희망도 그런 사랑을 실천하기 위해 불타오르게 된다. 침묵하시는 하느님의 행적들이 존재한다. 주님에 의해 선포된 말씀을 구체적으로, 곧 실제 행동으로 보여 주는 행적들이 존재한다.

"두드려라, 너희에게 열릴 것이다!"(마태 7,7)

하느님께서는 사람에게 꾸준히 입으로(만) '믿어라, 사랑하라, 더욱더 희망하라!' 하고 다그치지 않으신다. 차라리 사람이 기도할 수 있기 때문에 [스스로] 더 믿고 사랑하고 희망할 수 있도록 그에게 맡기신다. 하느님께서는 당신을 갈망하는 애덕愛德을 [점점] 크게 키우시면서 그 가운데 신앙인의 기도(말)를 당신의 신적인 침묵 안에 받아들이시고 당신의 행적을 계속해서 보여 주신다. 이때 그분의 행적은 개별 신앙인이 그 어떤 변명을 내세워도 모른 척할 수 없는 것이라고 한다면, 교회 공동체에서는 확연히 인식되는 그런 것이라고 본다. 왜냐하면 어느 한 사람이 이뤄 놓은 것은 모두에게로 전이되어, 그렇게 개별 신앙인에게서 점점 커져 가는 신앙은 이웃에게서 결실을 맺고 성부의 말씀 안에서 그리고 그 말씀을 통하여 성인들의 통공을 고백하는 공동체가 확립되기 때문이다. 그리고 매번 그런 일이 벌어질 때마다 성자께서 [더] 환히 드러나실 것이다.

10장

삼위일체 하느님의 초대

일찍이 성자의 강생은 성부의 뜻이다. 세상의 구원에 대한 성부의 초대는 성자를 거쳐서 모든 인간에게도 일어난다. 성부의 뜻에 순응한 성자의 결정은 당시 함께 머물렀던 시대의 사람들을 넘어서 그분의 완전한 인간성 안에 잠재된 능력 안에서 계속 전개될 것이기 때문이다. 이때 성령의 역할도 낯설지 않다. 그런 의미에서 성령께서는 영원성 안에서 삼위일체 하느님의 뜻을 밝혀 주시는 분이다. 성자께서 성부로부터 받은 초대와 사람들이 성자로부터 받은 초대에는 차이가 있다. 전자는 성자께서 자각하시듯 정확하면서도 절대적으로 무리한 행동을 요구하는 초대로서 후자의 경우엔, 곧 죄 많은 사람들에게서는 결코 기대할 수 없기 때문이다. 따라서 모든 성인들도 한 목소리로 고백하듯 성자께 의지해야 한다. 교회의 경우도 그렇다. 신랑이 보는 것을 신부이기 때문에 허락된 한에서 성부의 계시(뜻)를 알아보지만, 다른 한편 제도로서의 교회는 인격체도 아니요, 더 이상 인간적인 눈을 갖지도 못하기 때문에 알아보지 못함에 대해 인정해야 한다. 그렇지만 후자의 무능에도 의도된 바가 있다. 일찍이 성모 마리아의 삶은 '알아보지 못함' 안에서 시작되었다. 동정녀가 아이를 잉태하는 것도, 어린 예수의 말을 알아듣지 못하더라도, 기어이 가슴에 품었고, 차츰 신비 가득한 하느님의 뜻을 알아차릴 수 있었다. 그런 의미에서 알아보지 못함은 또 다른 형태의 앎이다. 교회는 성자의 의지에 의해 계획된 것이긴 하지만 살아 있는 신부로 머물러 있는 동안만 그러하다. 그리스도의 신부인 교회는 부르심을 받은 개별 신앙인이 교회 안에서 시작한 일들을 완성해야 한다. 설령 교회가 전체성의 차원에서 자신이 해야만 하는 소임을 결코 완벽하게 파악할 순 없을지라도, 하느님께서 시간이 갈수록 챙겨 주시고 이끌어 주신다. 그 때문에 신앙인 각자의 '예'라는 응답에는 교회의 협력이 동반되어야 한다. 그런 의미에서 교회는 어머니다.

사람이 죄악에 곤두박질쳤을 때 지체 없이 하늘에 계신 하

느님께서는 성자의 강생을 결정하신다. 성부께서 이 세상을 창조하셨고, 성자께서는 이 세상을 구원하기 위해 당신 자신을 성부의 뜻에 맡기신다. 그러나 성자만이 이 구원 섭리에 적극적이신 것은 아니다. 성부 역시 그와 다르지 않으신 분이니, 성부께서는 이 세상의 구원을 위해 당신 외아들을 부르셨고 장차 일어날 강생에 대해 함께 미리 계획하셨기 때문이다. 성부의 그러한 부르심은 성자를 거쳐서 모든 이에게도 일어난다. 그러니까 성자의 강생 (사건)을 통해 모든 사람이 주님의 형제가 되어 저마다의 방식으로 그분의 구원 사업에 동참할 수 있도록 부르심을 받는다는 말이다. 성자의 결정은 그분의 시대에 함께할 사람들을 부르겠지만, 영원성의 관점에선 삼위일체 하느님의 내적인 조화와 그분의 완전한 인간성 안에 잠재된 능력 안에서 전개될 것이다. 만일 우리가 그런 전망 아래서 그분에 의해 해방된 자, 그분과 함께 살아가는 추종자의 입장에서 성자의 역할을 어느 정도 상상해 볼 수 있다면, 그렇듯 우리에게 성령의 역할도 낯설지 않을 것이다. 성령께서 성모님이 [아드님을 잃고] 힘겨워하던 어두운 시기에 그 모습을 드러내셨다면, 그것은 성자께서 [성부께] 되돌아가신 뒤에 파견되도록 기다리셨다고 볼 수 있다. 성령의 시작을 몸소 알리면서 중재하시는 역할 그리고 끝까지 순종하시는 (그분의) 역할을 확인하게 되면서 삼위일체 하느님의 결정 안에서 채워지는 성자의 임무가 우리에게 가시화된 셈이다. 또한 성부와 성자 사이에 맺어진 사랑의 표현으로서 성령께서는 의당 구원 결정을 실행에 옮기는 분이시며, 그렇듯 전체 구원 사건의 증인으로서 그분의 증언은 동시에 구원의 실현을 내포한다. 성부와 성자께서는 구원의 실현이 함의하는 실재성이 무엇인지 성령 곁에서 확인하고자 그분을 예의 주시할 수 있다. 그런 의미에서 성령께서는 영원성 안에서 삼위일체 하느님의 뜻을 밝혀 주시는 분이다. 그래서 성부께서 영원성과 삼위일체 하느님의 현존성에 근거해서 (사람의) 몸을 취하실 당신 아드님을 미리 알아보시는 것처럼 성자 또한 당신 자신이 사람으로 부르심받았음을, 초대되었음을 미리 알 수 있었을 것이다.

구약 성경 전체에는 꾸준히 하느님께서 당신께로 사람들이 마음을 돌리도록 초대하시는 사건들이 전개된다. 예언자들이 전하는 예언(말)은 한결같이 이 같은 초대의 의미를 움켜쥐듯 품고 있다. 그래서 예언자들의 목소리에 귀를 기울이는 사람은 곧 하느님의 목소리를 듣는 또 하나의 예언자이며, 이미 선택된 예언자들이든 나중에 그들의 말을 듣는 사람이든 모두 하느님께서 맡기시는 동일한 소명을 도저히 외면할 수 없음을 자각한다. 장차 벌어질 사건과 직결되어 있는 예언의 말들은 그렇게 사람들이 죄로 인해 타락함으로써 처해진 상황에 때맞춰 내려진 경고이자 초대다.

그런데 성자의 도래로 이 초대의 의미에 변화가 생긴다. 이제 성자께서는 스스로 앞서 초대받으신 분으로서 [사람들을] 초대하신다. 왜냐하면 성자께서는 하늘나라에서부터 이미 성부의 초대(부르심)에 대해 아셨고 또 수락하심으로써 그것을 실현하고자 하신 분이기 때문이다. 그래서 그분이 사람들에게 전하려는 복음은 앞서 그분에게 일어난 바로 그와 같은 초대이기에, 이제 다른 모든 사람들도 그와 같은 뜻으로 초대하시려는 것이다. 물론 성자께서 성부로부터 받으신 초대와 성자께서 사람들에게 제안하시는 초대 사이에는 다소 차이가 있다. 사람이 되신 성자의 입장에서 그분이 행하실 것들은 그분이 익히 아시는 것이란 점에서 정확한 요구이면서도 동시에 사람에게 제안된 요구라는 점에서 절대적으로 무리한 요구다. 왜냐하면 그 요구는 고난을 당하는 사람의 신분으로 다른 모든 사람의 죄를 짊어지고 속죄해야 하는 것이기 때문이다. 그러나 그분은 이 무리한 요구마저 망설임 없이 순종하는 자세로 감수하신다. 그분의 행동은 성부의 기대치를 넘어 "점점 더 그 이상Je-Mehr"으로 과감하게 전개된다. 그에 비해 사람들은 죄인의 신분에서 초대를 받는다. 그래서 사람들에게 제안된 그와 같은 무리한 요구 앞에서 **점점 더 그 이상**으로 행동하는 경우는 어떤 식으로도 기대할 수 없다. 그렇듯 무리한 요구는 사람들에게 말 그대로 지나칠 수밖에 없는 요구요, 따라서 그런 지나친 요구에 봉착한 사람들은 **점점 더 그 이상** 행동하시는 성자께 의지해야 한다. 그분은 당신을 뒤따르는 훌륭한 추종자들, 위대한 성인들조차도 이룰 수 없는 것을 몸소 짊어지시고 완수하실 수 있기 때문이다.

성자의 모든 말씀, 그분이 그때마다 설명하시는 비유와

[홀로] 바치시는 기도 중에 우리는 우리 자신을 초대하시는 성부를 발견할 수 있다. 그래서 성부의 침묵으로만 가득 차 있다고 여겨지는 공간조차도 그분이 당신 자신을 드러내시면서 (동시에) 감추시는 신비에 싸여 있다. 성부께서는 당신의 존재에 관한 진리, 당신의 요구에 깃든 절박함 또 그 실현을 향해 나아가는 길들을 성자를 통해 드러내 밝히시지만, 정작 당신 자신은 성자 뒤에 몸을 숨기신다. 그로써 모름지기 성자의 도래가 사람들 곁에서도 완전하게 채워지는 것을 그들도 경험할 수 있도록 말이다. 그러나 신앙인 각자는 이 채워짐을 알아볼 재간이 없으며 그것을 실현할 능력 또한 부족하다. 그러나 **교회**는 직관하는 능력과 실현할 능력을 지닌다. 왜냐하면 성자께서 교회에 이 두 가지, 직관 능력과 실현 능력을 유산으로 남겨 주셨기 때문이다. 교회는 그렇듯 (그리스도의 직관 능력을 신앙 진리의 선언과 관련한 무류권의 경우와 다르지 않게 계속해서 이양할 수 있는 만큼) 자신에게 고유하게 위임된 특권을 행사할 수 있다. 그리고 그 특권은 [교회 외에] 어느 누구도 대신할 수 없다. 이때 우리는 제도로서의 교회가 주님으로부터 **알아보는** (직관) 능력을 부여받았다고 말할 수 있다. 그

러나 그와 똑같이 교회는 어쩌면 더 큰 유감을 가지고 **알아보지 못하는** 부족함에 대해서도 인정해야 한다.[7] 다시 말해 교회는 신랑이 보는 것을 그의 신부이기 때문에 보도록 허락된 한해서 [성부의 계시를] 알아보지만, 다른 한편 제도로서의 교회는 결코 인격체도 아니며 더 이상 인간적인 눈을 갖지도 못하기 때문에 알아보지 못하는 것이다. 그리고 그렇듯 교회가 알아보지 못하는 데에도 의도된 바가 있는데, 그것은 교회 자신에게 [성부의 계시가] 열려진 채로 (자유를 전제로) 제시되었음을 깨닫기 위해서요, 또한 [오로지] 그러한 형태로[만] 그것을 전달하기 위해서라고 말할 수 있다.

만일 성자께서 동정녀 마리아를 당신의 신부인 교회가 모범적으로 뒤따라야 할 원형으로 삼으셨다면, 그분은 당신의 어머니가 당신에게 어떤 분인지를 모든 사람이 언제든 알아볼 수 있도록 배려하셨을 것이니, 이는 성모 마리아가 성자

---

7 일례로 예수님께서 거룩하게 변모하시는 순간, 베드로와 야고보와 요한만 따로 데리고 가셨는데, 예수님의 변모를 목격한 베드로 사도가 나서서 "초막 셋을 지어" "여기서 지내면 좋겠습니다." 하고 말하였지만, "사실 베드로는 무슨 말을 해야 할지 몰랐던 것이다."라고 마르코 복음사가는 전하고 있다(마르 9,2-13). ― 역자 주

에게 보이신 모성적인 모습이 이 세상이 지속되는 동안 사람들에게도 꾸준히 요구됨을 시사한다. 그런데 성모 마리아의 삶은 **알아보지 못함** 안에서 시작되었다. 그녀는 순수했고 준비가 되어 있었다. 그녀는 하느님 앞에서 자유로웠으며 그녀가 앞으로 수행할 과제에 대해서도 구속받지 않았다. 하지만 천사와 만나는 순간 그녀에게 일대의 과제가 주어졌을 때, 그것은 놀라운 일이요 예기치 못한 일이지만, 그 과제를 완수하기 위해 혼신을 다한다. 천사와의 만남이 이루어진 환시는 그녀의 눈을 뜨게 해 준 사건이요, 하느님께서 건네시는 말씀을 알아듣게 해 준 사건이다. 하느님께서 건네시는 말씀은 (언제나와 같이) 사람에게 필수적인 것으로 그렇듯 정확히 이해가 되지만, 직관과 같이 말씀 이외의 경우엔 하느님 안에 깊숙이 내재해 있는 신비들 가운데 하나라는 점에서 그 곁으로 무한히 넓게 뻗은 울타리가 둘러쳐져 있다. 그러한 신비를 마주하자 성모님은 마치 어두컴컴한 그늘 속에 내던져진 것처럼 앞을 볼 수 없는 상황이었으나 마음 깊이 담아 두듯이 속으로 품었다. 그렇게 그녀는 말 못 할 비밀처럼 하느님의 아드님을 자신 속에 품기로 하였다. 비록 자신의 아들을 언제까지나 이해할 수 없다 하더라도, 그를 기어이 품겠노라고 결심한 것이다. 그 후 성모님은 아들을 자신 속에 품었으면서도 자연스럽게 행동한다. 태동을 느끼며 태아가 요구하는 것을 알아채고 그때마다 적절하게 행동한다. 마치 하느님께서 그녀에게 그것을 요구하신다는 생각으로 아들을 낳을 때까지 정성껏 품는다. 성모 마리아의 **알아보지 못함**은 [사람의 힘으로는] 범접할 수 없는 또 다른 형태의 앎이다. 왜냐하면 그녀는 [사람이 감히 상상조차 할 수 없는 사건으로서] 하느님께서 자신 안에 들어와 사신다는 것을 알았기 때문이다. 또한 그녀의 삶이 그와 같은 신비 안에 들었다는 사실과 이제 자신에게서 사람의 몸으로 태어나실 성자께서 자신과 닮은 모습을 취하실 것이란 사실을 알았기 때문이다. 성모님은 하느님이신 아들과의 교류를 중단 없이 이어 나감으로써 그렇듯 알아보지 못하는 중에도 자신의 아들을 하느님의 뜻에 비추어 이해하는 능력을 갖추게 될 것이다. 그리하여 성모님은 육체적인 눈을 가졌지만, 동시에 영적인 눈으로 아들의 본질을 알아보게 될 것이다. 그렇게 성모님의 영적인 눈은 그녀의 준비된 모습, 그녀의 내적인 희생, 자신의 의지를 낮추며 성자의 말씀에 귀를 기울이는 자세를 상징한다. 성모님 곁에서 직관은 교회가 소개하는 모든 직관의 경우가 그러하듯이 꾸준히 신앙을 증진시키며 신앙과는 아무런 상관이 없어 보이는 사물 및 사건들에까지 그 신앙을 연장시켜 이해하도록 이끈다. 사실 평일과 주말을 서로 엄격히 갈라놓는 경계란 딱히 존재하지 않는다. 그처럼 한 가정의 과제와 교회의 과제 사이에도, 지식의 세계와 신앙의 세계 사이에도 그와 같은 경계란 존재하지 않는다. 성모 마리아의 삶에 요청되는 일체의 것이 그녀의 생생한 신앙과 관계를 맺고 그 신앙을 통해 성자가 성부에게서 얻어 누리는 직관으로 뻗어 나아간다. 한편 그리스도의 신부로서 동정녀 마리아는 신랑이 요구하는 것이 무엇인지 알아보겠지만, 다른 한편 영원한 척도에서 신랑이 요구하는 것, 곧 삼위일체 하느님 안에서 펼쳐지는 신비는 오직 성자만이 알아볼 것이다.

그래서 만일 그 신부가 이제 분명하게 교회로 이해된다면, 이와 같은 동정녀 마리아의 표징을 넘겨받는 것은 당연하다. 만일 베드로 사도가 자신의 직무를 떠맡기 직전에 세 번이나 반복해서 물으신 주님께 다른 제자들보다 더 큰 사랑을 약속하듯 고백하면서 바로 그때 그의 위치에서 (묵묵히) 주님을 따라나선 그분의 사랑하시는 제자 요한을 돌아서서 보았다면(요한 21,20)[8], 그는 주님께서 십자가에서 그분이 사랑하시는 제자 요한과 그의 어머니 마리아 사이에 새롭게 맺어 주신 [모자간의] 사랑의 관계도 함께 돌아보았을 것이다. 베드로 사도는 십자가에 달리신 주님을 직접 마주하여 바라보는 두 사람의 모습을 마음속 깊이 간직하겠지만, 그에게는 직접 마주하여 바라본 경험이 없다. 차라리 그는 십자가 아래에 선 두 사람의 바라봄을 확인하며 마음에 새겼을 것이요, 나아가 십자가 아래서 벌어진 사건만이 아니라 나중에 신비적인 체험을 따라 진술하는 《묵시록 Apokalypse》[9] 안에서도 요한 사도의 사랑을 전제로 활용되지만 또한 일반적으로도 완전히 유효하게 받아들여지는 개념들과 문장들을 따라 그 의미를 재확인하면서 마음속 깊이 새겼을 것이다. 베드로 사도는 그 두 가지 형식을 따라서 주님을 바라보는 요한 사도의

---

8 A. von Speyer, *Johannes*, Bd. 4(1949) (A. d. H.), 참고.

9 A. von Speyer, *Apokalypse*, Bd. 1(1950) (A. d. H.), 참고.

남다른 모습을 마음에 담아 두었을 것이다. 그러므로 이러한 직관 자체는 요한 사도의 것이다. 그러나 베드로 사도의 소임에는 묵시적으로 직관하는 자를 처리하는 권한이 속해 있다. 그 권한을 행사할 때 요한 사도가 베드로 사도의 눈이 된다. 그래서 베드로 사도는 스스로 보지 못하면서 동시에 보게 된다. 그에 반해 요한 사도는 보면서 동시에 보지 못하는 입장에 놓일 것이다. 왜냐하면 교도직을 수행하는 교회 스스로 처리할 수 있게끔 맡겨진 직관에 대한 권한이 요한 사도에게는 부재하기 때문이다. 요한 사도는 자신이 직관하였던 것을 교회에 넘겨주고, 그로써 교회는 자신의 고유한 권한으로 이 직관에 대해 주재主宰하게 된다.

성자에게 청해진 (성부의) 초대는 성자에 의해 충만하게 채워졌다. 그분은 과연 신인神人으로서 얼마나 강력하게 그 초대가 청해졌고 또 어떤 대답이 [자신에게] 기대되었는지 정확히 알고 계셨다. 그분은 예전부터 말씀으로서 아셨고 또 말씀이신 그분이 대답해야만 했음도 아셨다. 그분은 말씀으로서 그 대답을 사람들에게 [그들보다 앞서] 하길 원하셨으니, 성부의 구원 역사만이 아니라 성부를 향해 나아가는 사랑 때문에 그리하셨다. 왜냐하면 하느님의 사랑은 이 세상에서 그렇듯 다양한 방식으로 퍼져 나가지만, 그럼에도 그 사랑은 항상 하느님을 향한 사랑으로 되돌아가도록 주선하기 때문이다. 사람들을 초대할 수 있기 위해서 또 사람들과 함께 사랑을 통해 대답하기 위해서 성자께서는 자신이 맨 먼저 사람의 신분으로 입을 떼셔야만 했다. 그와 함께 그분은 사람이 진실하게 대답할 능력이 있음을 성부께 증명해야만 했고 동시에 동일한 사실을 사람들에게도 증명해야만 했다. 그리하여 그분은 십자가에 달려 죽기 위해, 여전히 변함없이 항상 대답하시면서 죽기 위해 자신의 고유한 권한조차 전부 내려놓으셨다. [그로써] 최후의 답변에 이르기 위해선 단념하는 것만이 유일한 길임을, 그래서 사람의 힘이 완전히 소진된 바로 그 순간에도 최후의 답변이 전혀 위축되지 않고 여전히 변함없이 항상 이뤄질 수 있음을 모든 사람이 알 수 있게 되었다.

성자께서는 하느님께 그리고 사람들에게 대답하셨다. 개

별자로서 그분은 직접적으로 하느님과 마주하시는 존재일 뿐만 아니라 인간성의 공유자로서 모든 사람과 결속되어 있다. 그로 인해 모든 사람은 저 (십자가) 한 가운데에 사람이신 그분이 매달리셔야 했던 십자가 형상을 통해 그 이중적인 의미를 깨닫게 된다. 그래서 저 한 가운데는 비어진 채로 있지 않고 사람이 되신 하느님께서 스스로 거기에 매달리신 것이다. 나아가 그 십자가 형상이 모든 힘과 유효성을 지니도록 그분은 교회를 세우셨다. 그래서 교회는 신부로서 이웃 사랑에 관한 그분의 계명을 고스란히 받아들여 중단 없이 준수함으로써 사람을 사람과 서로 이어 주어 서로의 관계가 무르익도록 해야 한다. 왜냐하면 교회는 제도이자 하나 됨을 위한 울타리로서 개인적으로 초대받은 한 사람 한 사람에게도 교회 전체의 경우와 마찬가지로 동일한 사랑의 계명을 실천해야 하기 때문이다. 모두가 교회에 초대되고 그분의 신부인 교회가 신랑과 하나가 되고 어머니의 '예'라고 응답하는 마음과 일심동체가 되어 서로 단단히 뭉친 것처럼 비치더라도 교회는 만족할 수 없다. 왜냐하면 (하느님과의) 수직적인 관계도 원만해야만, 다시 말해 자신의 이웃이 행하는 것을 넘어 하느님의 면전에서 직접 마주하여 듣고 대답해야만 하기 때문이다. 우리는 개별적인 존재로서 사회의 일원으로 살아가는 만큼 교회의 응답에만 연결되어 있을 수 없겠지만, 그럼에도 필히 교회 안에서 답변해야만 하며 그의 파견을 빌미로 교회로부터 멀찍이 달아날 수도 없다. 그렇게 해야만 십자가는 훼손되지 않는다. 더욱이 그 십자가가 서 있어야만 하는 곳은 바로 교회 안이기 때문이다.

그러나 만일 교회가 이 십자가를 통해서 모든 신앙인들이 여전히 어디서든 이해할 수 있는 한 가지 **속성**이라 말하는 저 교회의 특성인 '보편성Universalität'만이 아니라 교회가 자신을 각자 드러내고 반영하는 개별 신앙인의 전체라는 거의 무한한 수의 차원에서도 사람이 상상할 수 있는 모든 것을 초월하는 하나의 '기념비적 위엄Monumentalität'을 지니는 것이라면, 교회는 당장 바로 그 점에서 무한하신 하느님의 진정한 표징으로 자리매김할 것이다. 교회는 명실상부 개별 신앙인을 능가한다. 개별 신앙인을 위하여 하느님을 구체적으로 지시하는 표지가 된다. 하느님께서는 단지 사람보다 훨씬 위대하실 뿐만 아니라 그 어떤 이름난 권세가보다 훨씬 더 위대하시다. 어찌 그렇지 않을 수 있겠는가! 인간적인 개념을 총동원하더라도 온전히 붙들 수 없을 만큼 위대하시다. 그런데 교회는 성자 그리스도의 신부가 아닌가! 그런 점에서라도 교회에게는 본시 자신을 초월하시는 하느님의 무한성 때문에 낙담하는 태도가 허락되지 않는다. 왜냐하면 교회는 그의 신랑을 통해서 언제든 자신의 능력 이상으로 도움을 받을 것이기 때문이다. 교회의 처지에서 자신이 성자의 신부가 된다는 것은 고무적인 일이다. 그러니 단 한 순간이라도 교회가 '예'라는 응답을 철회하는 것은 체면을 구기는 일이 아니겠는가! 자신의 한계를 직시하거나 또 그 한계를 느낀 것을 구실로 삼는 태도는 (교회를 돌보시는 주님의 신부라는 신분에) 걸맞지 않은 것이 아닌가! [그러므로] 교회는 다음과 같이 말하지 말아야 한다.

"나는 (사랑)하고 싶지만, 그리스도인들과 함께하진 못하겠어. 차라리 나는 아주 멀리 달아나고 싶어. 다른 사람들은 내게 너무 무관심해. 그러니 순수한 종교를 [다시] 찾아 나서야 할까 봐. 세상의 영역은 다른 종교에 맡기고 싶어. 거부하고 싶은 내 태도는 분명해서 더 이상 다른 사람들과 함께 대화할 엄두도 나지 않아. 내가 이미 신부라고 [가르치는 대로] 믿고 싶지만, 지금의 상황으로 보아선 신부가 아니야."

그보다 교회는 그리스도를 선포하기에 최적임자임을 자각해야 한다. 그래서 그리스도가 어떻게 교회에 요구하든 응답해야 한다. 마치 예술가의 아이디어가 예술가 자신이 의도하고 의지를 발휘한 대로 존재할 수도 있고 차츰 그리될 수도 있듯이 신랑에게 자신을 헌신한 신부처럼 살아야 함을 명심해야 한다. 교회는 성자의 의지에 의해 계획된 것이긴 하지만, 살아 있는 신부로 머물러 있는 동안만 그러하다. 교회는 일찍이 존재했던 것을 아무렇게나 전달할 수 없다. 교회는 되어 가기 위해 존재해야 한다. 마치 텅 비어 있는 대성당에 비유되어서는 안 된다. (옛) 목격담은 한때 영광을 누렸던 시대에 대해 알려 준다. 교회는 이 땅에 거주하면서 실질적으로 유용한 삶을 실현하며 봉사해야 하는데, 그 봉사의 대상은 교회가 서서히 그려 낸 자기 나름의 잣대로 환원시킬 수 있는 상상의 신이 아니라, 오히려 [거꾸로] 그 깊이를 알 수 없는 그분의 마음에 들 때까지 이끌어 가시고자 교회라는 신앙 공동체를 세우신 하느님께 봉사해야 한다.

파견 사명을 받고 자신 앞에 놓여 있는 길을 따라 걸어가야 함을 자각하며 성자의 추종자가 되는 데 만반의 준비를 다하도록 초대받은 사람은 자신의 응답이 항상 나약하고 불충분하다는 점을 분명히 알고 있다. 그럼에도 불구하고 초대받은 사람은 단지 그러한 응답을 듣고자 하시는 하느님께서 그 응답을 당신의 은총으로 순화시키실 수 있다는 사실뿐만 아니라 그 응답에 필요한 음량(목소리)을 풍부하게 제공하는 일이 교회의 과제라는 사실을 알고 있다. 그리스도의 신부인 교회는 개별 신앙인이 그렇듯 교회 안에서 시작한 일들을 완성시켜야 한다. 모든 개별적인 파견은 일종의 단초端初이지만 그것을 진지하게 위임받은 이는 누구나 하느님이신 성자께서 신부인 교회에게 마치 혼인 다음 날 아침에 신부에게(만) 주는 특별한 선물처럼 자신에게 선사하시는 풍요로운 은총 안에서 그 일을 기필코 완성시키실 것을 안다. 이때 교회도 주님의 이름으로 그리고 자신에게 위임된 권한으로 자신의 역할을 거뜬히 해낼 것이다. 설령 교회가 전체성의 차원에서 자신이 해야만 하는 소임을 결코 완벽하게 파악할 순 없을지라도 말이다. 교회 역시 자신이 형식화하고 확정할 수 있는 것은 파악하기 마련이다. 한편 교회는 자신이 파편적으로 청하는 것을 하느님께서 완전한 형태로 알아보시는 것처럼 알아보진 못하지만, 다른 한편 그 점 또한 주님께서 교회에 선사하신 은총 가운데 하나다.

교회의 이 같은 **알아보지 못함**의 속성을 개별 신앙인에게 똑같이 적용할 수는 없다. 자신의 소명을 자각하며 추종자 신분을 진지하게 받아들이는 그리스도인은 청해야 할 것이 무엇인지, 예컨대 자신의 삶과 미래, 자유 및 소유에 대해서 안다. 하지만 그 모든 것을 은총에 힘입어, 특히 서약 때 받은 축복에 기대어 산정한다. 그만큼 자신의 서약을 이행하는 것이 관건임을 잘 안다는 말이다. 그는 갈수록 자신이 그 요구에 못 미친다는 사실, 그러니까 어김없이 저지르는 자신의 실수들만이 아니라 주님과 자신 사이의 거리, 자신이 애당초 정한 서약과 실제적인 이행 사이의 불일치 등 헤아리기 어려운 여러 사태 안에서 자신의 부족함을 자각한다. 그는 단 한 번으로 더 이상 되돌릴 수 없는 상황에 처해진 부끄러운 사실에 대해 분명한 자의식을 갖는다. 그래서 그는 (그럼에도 불구하고) 어떻게 하느님께서 모든 것을 좋게 돌려놓으시는지, 그가 스스로 무디고 쓸모없다고 고백하는 바로 그 순간 어떻게 그를 당신의 도구로 삼으시는지 파악하지 못한다. 이는 교회가 자신에게 맡겨진 과제에 부족함을 느끼는 것과 다르다. 교회가 부족한 마음에 단념하는 태도는 계속해서 완전해야 한다는 생각에 스스로 주눅이 들어 생겨나기 마련이다. 하지만 하느님께서는 시간이 갈수록 챙겨 주시고 이끌어 주신다. 그래서 교회는 개별 신앙인의 경우보다 훨씬 더 확실성과 의로움에 관하여 자의식을 갖고 있다. 이러한 자의식은 교회가 교황과 같은 개별 교회의 수장(교구장 주교)이 전체 교회의 이름으로 "엑스 카테드라ex cathedra(주교좌에 위임된 권한)"를 언급할 때마다 발효된다고 믿는 무류성無謬性까지 이어진다. 교회는 자신이 직관한 것을 알고, 그것이 어떻게 완성될 것인지 알지만, 그럼에도 완성되어 가는 과정은 마지막까지 신비로 남는다는 사실도 알고 있다. 그 과정은 교회 곁에서 그때마다 손수 개입하시어 완성될 때까지 들어 올리시는 주님의 은총에 속하기 때문이다. 그와 동일한 신비의 차원에서 교회가 집전하는 성사들은 더 이상 사라져 버리거나 단지 상대적으로 길고 짧은 수명이 아니라 하느님께서 모두 완전하길 원하시는 의지에서 샘솟는 절대적인 생명을 전해 준다. 하느님께서는 여전히 구원 사업을 펼치고 계신다. 그래서 하느님께서 교회에 촉구한 많은 요구들은 이 같은 원천적인 작용의 일부에 속한다. 뭐든지 효과적으로 운용하시는 하느님께서 교회에든 각 개별 신앙인들에게든 거룩한 이들의 통공을 고백하는 이들에게 응답할 기회를 선사하신다. 그 기회는 자연적인 존재로서 살아가는 사람에겐 지나칠 만큼 과분한 요구다. 하지만 그 응답과 어떤 절대적인 의미에서의 과분한 요구 사이에 벌어진 틈(차이)은 그때마다 하느님께서 눈감아 주실 것이다. 그렇게 사람은 하느님에게서 어떤 소임을 넘겨받을 때 하느님 자신에 의해서 그리고 교회를 통해서 자신의 한계를 뛰어넘게 된다. 자신의 한정된 시간, 자신의 고유한 유한성을 뛰어넘게 된다. 모든 성사는 영원성이 거기에 존재함을, 곧 하느님께서 거기에 현존하심을 지시하는 표지다. 나아가 하느님의 현존은 하느님께서 사람에게 응답을 요구하실 뿐만 아니라 그 응답마저 당신의 은총으로 완전하게 채워 주신다는 표지다. 또한 그럼에도 불구하고 하느님께서는 당신의 초대에 응답하는 책임을 사람에게 위임하셨기에,

사람은 책임감을 갖고 신앙 안에서 인격적으로 응답하겠다는 마음으로 자신의 대답을 형식화하는 것이 좋다. 물론 자유롭게 거부할 수도 있다. 그러나 성자께서 성부를 따르겠다는 원의를 거스르는 의미의 거부는 그 사람에게 흔적을 남길 것이다. 그는 하느님과 생생하게 만나는 귀한 자리를 박차고 나감으로써 자신의 재능과 응답 능력, 준비하는 성실함의 일부를 스스로 폐기하는 것이다. 왜냐하면 그러한 거부는 곧 자신의 그와 같은 재능 및 능력을 아예 활용하거나 육성하거나 돌보지 않겠다는 결정이기 때문이다. [그 대신에] 그는 자신의 이성에 기대어 미래를 설계하고 신앙에서는 더 이상 힘을 얻지 않고 희생하고자 하는 의지를 발휘하지 않을 것이니, 그저 무기력해 보이는 생명체, 하느님의 초대를 거절하고 하느님의 부르심을 일종의 환상으로 믿고 싶어서 꾸준히 그 근거를 스스로 모색하고 주작做作하는 데에 열을 올릴 것이다. 하지만 신랑인 그리스도에게 그분이 필요로 하는 사람들을 데려다주는 것이 교회의 과제다. 그 때문에 교회는 저마다 아주 다양한 잣대로 하느님의 초대를 거부하는 이들, 교회 안에서 끊임없이 비판과 비난을 일삼으면서 자신의 소명에 충분히 순종하지 못하는 이들을 일깨워 줄 수 있어야 한다.

 개별 신앙인은 자신의 '예' 혹은 '아니오'라는 응답에 책임을 져야 한다. 하느님께서 명하시는 그 즉시 응답이 뒤따라야 한다. 이를 책임이라고 일컫는다. 그리스도인은 [항상 밝히는 사실이지만] 자유로운 사람이다. 하지만 자유인으로서 신앙인은 자신의 신앙을 통해 세상을 뛰어넘는 방식으로 처신해야 한다. '예'라고 응답하도록 결속되어 있지만, 그러한 결속 안에서도 그 대답을 행동으로 옮길 때에 자유는 항상 보장되어 있다. 그는 자신이 일련의 객관적인 부르심을 받았고 그 부르심에 객관적으로 답해야 함을 인식할 수 있어야 한다. 그는 그러한 부르심과 정면으로 마주할 필요가 있는데, 이때 자신의 책임에 눈이 번쩍 뜨일 것이다. 그는 (개인적인 부르심을 통해) 질문을 받은 자이지만 결코 혼자가 아니다. 하느님께서는 교회의 한 일원이란 점에서 그에게 질문하시기 때문이다. 그 부르심 자체는 그렇듯 거룩한 이들의 공동체와 결속되어 있다. 그래서 이 같은 결속이 보전(保全)되는 곳에선 거룩한 이들의 공동체가 함께 책임을 공유한다. 개별 신앙인은 그러니까 교회 안에서 확실성을 확보하는, 곧 진정 자신이 속하는 자리를 찾아야 한다. 그래야 제대로 된 답변을 지체 없이 할 수 있다. 설령 그가 자신의 소명에 주관적인 확실성을 갖고서 전심을 다해 희생을 바칠 것을 각오하며 '예'라고 응답하는 경우라도, 이 '예'라는 응답에는 **교회의 협력**이 동반된다. 왜냐하면 교회는 그가 자신과의 결속과 함께 나아가려는 지향을 잘 인지하기 때문이다. 이는 어떤 새로운 근거를 마련하는 것이 관건이라 하더라도 마찬가지다. 만일 그가 진지하게 '예'라고 이미 응답했음에도 불구하고 아직 그의 소명이 전개되지 못한 상황이라고 한다면, 그에게 자신의 길을 찾아 나아가도록 주선해 주지 못한 잘못이 교회에도 자리한다고 말할 수 있다. 부르심을 받은 이들이 나아갈 길과 머무를 자리를 안내해 주어야 하는 한에서 교회는 저들의 도반道伴이요, 바로 그런 위치에서 저들이 하느님 앞에서 져야 할 책임의 일부를 생생하게 나누는 거룩한 이들의 공동체로 드러나게 될 것이다. 개별 신앙인의 자유로운 응답은 교회가 가능성을 타진하여 제시하는 그런 협력이 동반되어야 할 것이요, 그로써 부르심을 받은 이는 거룩한 이들의 공동체 안에 새로 영입되어 이제부터 교회 안에 마련된 뚜렷한 길을 따라 걸어 나가게 될 것이다. 그 길은 한 개인에 앞서 교회의 거룩한 이들이 개척하여 걸어갔던 여러 형태의 길들과 나란히 견줄 만하다. 그렇게 보자면 교회의 책임이 또 한 번 고개를 든다. 다시 말해 교회는 부르심을 받은 이가 참작할 수 있도록 그를 위해 가능한 길을 신중하게 살펴서 제시하는 데에 책임이 있다는 말이다. 그 때문에 교회는 자신의 결정이 단지 어느 한순간을 위해서가 아니라, 그의 구성원들의 미래를 고려하여 새로운 길을 개척하고 열려 있는 가능성들을 타진하여 제안하는 입장에서 내려지도록 유념해야 한다. 그러니까 교회는 그때마다 하느님께서 새롭게 당신의 뜻을 밝혀 주시길 기대하는 마음가짐으로, 우리가 예상치 못한 새로운 부르심을 경청하려는 마음가짐으로 결정해야 한다. 그런 의미에서 교회는 어머니다. 마치 성모 마리아가 천사를 만나기 전에 그랬던 것처럼, 또 태중의 아드님이 장차 이 지상에서 걸어야 할 길을 그녀가 (묵묵히) 준비하였던 것처럼 교회는 [공동체 내 개별 신앙인을 위해 어머니처럼] 제 역할을 다해야 한다. 그와 유사한 방식으로 교회는 부르심을 받은 이가 교회 안에서 함께 자신의 소임을 완수하기까지 잘 헤쳐 나가도록 배려하는 가운데 그가 올바로 나아갈 수 있도록 이끌어 주어야 한다. 신부에게는 아이를 잉태하여 출산하기 전부터 모성애란 것이 존재한다. 그 모성애는 신부라는 신분에 당연히 수반되는 것으로서 그 모성애로부터 비롯하는 출산 능력은 교회가 주님의 어머니이신 마리아의 더없이 놀라운 출산 능력을 모범 삼은 까닭에 누릴 수 있는 본래적인 특성이다.

11장

사람의 응답

사실 무엇이 장차 일어날지 알지 못함이 하느님의 초대에 맞갖은 응답의 기본적인 전제 조건이다. "그 날과 그 시간은 아무도 모른다."(마태 24,36)는 주님의 말씀은 단지 당신의 죽음 및 우리의 죽음에 한정된 말씀이 아니라 그분의 전 생애에 걸쳐 벌어지는 모든 것과 직결된 말씀이다. 신앙인은 모두 그분과 함께 그와 같은 자세로 응답하고 살아가야 한다. 마치 베드로 사도가 주님을 모른다고 세 번 배반한 후에 다시 만난 주님께서 "너는 나를 사랑하느냐."(요한 21,15.16.17) 하고 세 번 던지신 질문에 마음을 곧추세워 새롭게 다짐한 것처럼 개인적으로 싫고 좋음을 넘어서 사랑으로 직무를 수행하는 교회 안에서 하느님의 사랑에 응답해야 한다. 그로써 신앙인 각자의 '예'라는 응답은 더 이상 저마다 지닌 약점들로 인해 위험에 처하지는 않을 것이다. 문지방 너머에 무엇이 기다리고 있는지 몰라도 손을 내민 엄마에게 달려가는 어린아이처럼 어머니인 교회의 손을 붙잡고 하느님께 나아가기 때문이다. 그러므로 신앙으로 누리게 될 충만한 대가를 거부하지 말아야 한다. 교회가 비록 여전히 순례의 길을 걷듯이 하느님의 신비를 그때마다 품으면서 모두 이해하지 못하고 또 이해시킬 수 없을지라도 말이다. 교회는 순수한 이념으로 결성된 단체가 아니라 지금 있는 그대로의 사람들 안에서 자신을 구현해야 하는 살아 있는 공동체이기 때문에, 결함이 있을 수밖에 없다. 하지만 교회는 그리스도의 참된 육체적 현존을 자신의 중심에 두고 있다. 거기에 교회의 모든 성사들의 원천이 자리한다. 그러나 모든 것은 성령을 통하여 확증된다. 오순절 사건은 성령께서 우리의 '예'라는 응답의 명백한 증거를 가져다주신 사건이다. 일찍이 동정 마리아가 성령을 맞이하심으로써 주님의 잉태가 구체화된 사건과 다르지 않다. 성부께서 받아들이시는 우리의 응답은 하나이면서 동시에 다채로운 것이 될 것이다. 그 응답이 신앙인 각자의 목소리로 이루어지겠지만, 성자를 통해 성령의 도움 아래서 또한 거룩한 이들의 공동체 안에 계속 살아 계신 성자와의 일치 안에서 그리고 성모 마리아의 '예'라는 응답과 함께 하나로 성부께 들어 올려질 것이기 때문이다. 다시 말해 인간이 자신의 응답을 그리스도 안에서 완전하게 채우게 된다면, 그 응답 안에서 무한하신 하느님의 위대하심을 경험하게 될 것이다.

소위 십인십색+人+色이란 말이 있는 것처럼 사람의 응답은 다양하다고 보지만, 그 응답이 긍정적인 경우는 오직 하나뿐이다. 성자께서는 사람을 상대로 응답을 받아들이시어 그것을 자신의 고유한 응답을 통해 성부께 돌려 드린다. 그분의 첫 번째 제자들은 아주 짤막하게 초대하시는 말씀을 들었지만, 그 짤막한 말씀은 저마다에게 완벽한 헌신을 요구하였다. 그래서 그들은 그들이 할 수 있었던 만큼 비록 허술하더라도 나름 최선을 다해 추종했다. 대다수는 모름지기 처음부터 자신이 무엇을 하는지 완전히 이해하진 못했다. 하지만 계속 나아갔으니, 그것이 그들이 가진 신앙의 표현이었다. 그러고는 마침내 멈춰 섰다. 누구든지 주님을 따르고 싶은 사람은 자신의 상황을 명료하게 파악하고 모든 단계의 여정을 알고 싶어 한다. 그래서 모든 자유, 모든 회복, 모든 장점, 심지어 손실, 실패, 희생을 포함하여 의무적으로 행해야

할 모든 것을 꼼꼼히 기록한 메모지를 손에 쥐고 싶어 하지만, 막상 그런 처지에 있는 사람은 헌신하는 것이 무엇인지 짐작조차 하지 못할 수 있다. 사실 무엇이 일어날지 알지 못함이 [하느님의 부르심에 대한] 맞갖은 응답의 기본적인 전제 조건이다. 한편 주님께서 삼위일체 하느님의 이름으로 단 한 번 그에 관하여 귀띔해 주신 적이 있다.

"그 날과 그 시간은 아무도 모른다."(마태 24,36)

이 말씀을 주님은 지상에서 언급하셨는데, 이는 단지 당신의 죽음 및 우리의 죽음에 한정된 말씀이 아니라 그분의 전 생애에 걸쳐, 그러니까 모든 포기와 모든 기쁨, 모든 수긍과 모든 거부를 포함한 그분의 일거수일투족과 직결된 말씀이다. 모든 것이 그 안에 있다. 그리하여 모든 것은 하나의 지평 위에서 움직인다. 다시 말해 그리스도인은 신앙 및 '예'라는 응답을 통하여 (서로 갈라서는 일 없이) 동일한 지평 위에서 살아간다. 모두가 삼위일체 하느님의 세계에서 성부의 명명백백하심, 허락, 뜻이 기본적인 법규처럼 다스려지는 그런 터전 위에서 살아가는 것이다.

그렇게 사람은 하나같이 어떤 결속을 향해 응답하도록 초대받았다. 그 응답이 지향하는 원형은 한 분이신 하느님으로서 당신 자신을 드러내시는 세 위격의 일치에 있다. 비틀거리는 몸으로 뒤따르려고 애쓰는 사람은 스스로 헛발질을 할 때마다 보이지 않는 손이 자신을 붙잡아 주는 것을 의식할 것이요, 나아가 마치 그가 스스로 전혀 헛디디지 않은 것처럼 느끼거나 하느님께서도 전혀 눈치채지 않으신 것처럼 느끼며, 그분이 그의 '예'라고 응답하는 나약해진 목소리를 염려하시어 완전한 것으로 끌어 올려 주시듯이 그가 잘못된 길로 새거나 넘어지지 않도록 계속해서 붙들어 주시는 것을 느낄 것이다. 물론 베드로 사도가 그것을 체험했음에 틀림없다. 예컨대, 주님께서 그에게 "너는 나를 사랑하느냐?" (요한 21,15.16.17) 하고 세 번이나 같은 질문을 던지신 것과 대조적으로 그가 주님을 세 번이나 모른다고 부인한 직후에 비로소 스스로 기억을 더듬어 깨달았다고 볼 때 말이다. 그럼에도 그는 그에 대해 더 이상 언급할 필요가 없었고, 그 이후 자신에게서 벌어질 일들을 사랑으로 끌어안는 것이 필요했다. 하지만 베드로 사도의 선량한 의지만이 중요한 것이 아니다. 오히려 "너는 나를 사랑하느냐?"라는 주님의 질문이 훨씬 더, 아니 무한한 크기의 의미심장한 요구로서 중요하다. 왜냐하면 저 질문은 처음부터 사랑의 지평에서, 곧 삼위일체 하느님의 사랑에서 비롯된 것이요, 교회 안에서 개인적으로 싫고 좋음을 넘어서 (교회에 주어진) 직무에 의거한 사랑의 지평 위에서 제기된 것이기 때문이다. 주님께서 이제 [교회를 떠맡을] 베드로 사도에게 이 질문을 던지신 후 대답을 기다리신다. 베드로 사도는 목자 곁을 따르는 양 떼의 이름으로 그들과 함께 주님께 응답한다. 이에 주님께서는 양 떼를 책임진 목자의 응답으로부터 전체 양 떼의 응답을 들으신다. 베드로 사도는 단지 그 자신만이 아니라 다른 이들과 함께 결합되어 있다. 그리고 성자께서는 따로 교회를 세우심으로써 자신을 뒤따르는 무리가 새로운 모습을 갖추길 원하셨다. 그리하여 각 개별 신앙인의 응답은 이제 교회 전체의 공동 책임 아래서 이루어져야 한다. 이는 무조건적으로 함께 알아야 함을 뜻하진 않는다. 하지만 어찌 '예'라고 응답하면서도 가능한 한 알고 싶어 하는 욕구가 사라질 수 있겠는가! 주님께서는 믿음에 의한 응답을 원하신다. 성령께서 하시는 일은 당신 마음에 드시는 만큼 많은 깨달음을 이 응답 안에 채워 주시는 일일 것이다. 주님께 초대받은 사람은 마치 문지방을 넘어서기 위해 엄마에게 손을 내미는 어린아이와 같다. 그 문지방 너머에 무엇이 기다리고 있는지 반드시 알아야 할 필요는 없다. 아이가 엄마의 손에 이끌려 나아가듯이, 그렇게 그리스도인은 교회의 손을 붙잡고 나아가는 것이다.

(신앙을) 거부하는 자는 자기 자신에게서만이 아니라 교회로부터도 자신의 응답으로 얻어 누릴 은총을 스스로 폐기시키는 것이다. 그의 길은 한편 [신앙 없이도] 여전히 대단히 화려하다고 말할 수 있거나 다른 한편 아무리 신앙을 거부하라는 압력에 시달려서 어쩔 수 없다고 말할지라도, 신앙으로 인해 누리게 될 충만함을 스스로 대가로 치르며 걷는 길이다. 설령 신앙으로 인해 누리게 될 충만함이 당장 부재하는 까닭에 고통스러울지라도 스스로는 그것을 상상조차 할 수 없는 그런 충만함을 잃는 것이다. 그는 무한정으로 정말

큰 대가를 지불하지만, 그것이 정작 얼마나 큰지 제대로 가늠하지 못한다. '예'라고 응답하는 자가 봉헌하는 순간 그가 얼마나 많은 은총을 받아 누리게 되는지 그 역시 제대로 가늠하지 못하는 경우처럼 말이다. 일개 개인이 갖는 제한적인 요소(한계성)는 문제 될 것이 없으니, 신앙인 각자가 ['예' 혹은 '아니오' 하고] 응답하는 바에 따라 은총의 증대 혹은 은총의 박탈을 교회가 상당 부분 경험하기 때문이다. 설령 부르심을 받은 모든 이가 '예' 하고 긍정적으로 응답했다면 무슨 일이 벌어졌을지 단지 역사적으로 가늠할 수 없을 뿐만 아니라 신학적으로도 가늠할 수 없다. 심지어 개별 신앙인이 거부하는 동의의 결여가 결과적으로 교회에 폐해를 끼치고, 그 폐해는 이 세상에서 교회가 지속하는 동안 계속해서 꾸려 가야 하는 교회 전체의 삶에 영향을 미치기 때문이다. 비록 궁극적으로 교회가 현재 살아가는 구성원들의 총합이 아니라 모든 그리스도인들 안에 뿌리를 내린 모든 이들을 포괄하는 그런 존재인 데다가 그리스도의 신부로서의 자질에 기대어 다시금 본질적인 것에 대해 [정확히] 언급할 수 없다고 하더라도, '예'라고 답하는 이들의 온갖 응답 안에서 그들을 대표하는 까닭에 교회에는 그들 가운데 누구든 취하는 응답으로 인해 새로운 풍요로움이 자라날 것이다. 그 풍요로움은 새로운 통찰일 수도 있고 새로운 형식일 수도 있으나 무엇보다도 본질적인 존재의 풍요로움을 의미한다. 그리하여 개별 그리스도인은 어느 누구도 교회의 본질적인 모습을 확정적으로 대변할 수 없다고 하더라도, 그리스도인이라면 누구나 본래적으로 교회의 표현 및 외적인 모습에 매우 중요한 역할을 할 수 있다. 그것은 결코 그때마다 기분에 따라 좌우되는 문제가 아니다. 하느님께서는 모든 파견(임무)을 그처럼 엄격하게 서로로부터 구별하심으로써 마치 하나의 커다란 모자이크 그림에 붙어 있는 작은 조각과도 같이 거기에 어울리지 않는 경우 한 개든 여러 개든 과감히 떼어 내실 것이다. 우리는 교회의 거룩함이란 커다란 그림을 상상할 수도 있는데, 거기에 잘못 칠해진 색상들, 곧 개별적인 '예'라는 응답의 부재를 어느 정도 정확하게 증명할 수 있을지도 모른다. 하지만 그런 [잘못 칠해진] 부분들이 계속 남아 있게 된다면, 교회가 어떻게 될지 미리 단정하는 일은 물론 불가능하다. [모든] 파견 임무들은 그처럼 하느님 안에 감춰져 있어서 임무가 수행되는 과정

중에는 대부분 추적할 수 없기에, 그 윤곽을 그려 낼 수도 없고 그 효과 역시 미리 가늠할 수도 없다.

— *A. v. Speyr* —

주님께서 교회를 세우실 때, 성모님은 아직 살아 계셨다. 성모님과 주님 사이에는 사람 사이에서 이루어질 수 있는 최고 절정의 사랑이 서로를 이어 주었고, 그 사랑은 동시에 피조물을 향한 하느님의 사랑이자 구세주를 향한 한 신앙인의 사랑이었다. 그렇게 그 사랑은 또한 동시에 인간적인 사랑이자 교회적인 사랑이다. 만일 하느님의 아드님이 신랑으로 자처하시고 성모 마리아가 교회의 신부상新婦像의 모범이 되신다면, 신앙에 의한 사랑과 마찬가지로 인간적인 사랑은 그러한 사랑에 최대한 객관성을 부여하는 어떤 상태로 고양될 것이다. 성모 마리아는 자신에게서 태어났다는 이유에서만이 아니라 나아가 주님께서 명하신 사랑의 계명을 좇아 자신의 최측근(가장 가까운 이웃)이라는 이유에서도 성자를 사랑하였다. 자기 아들을 그리스도교의 이웃 사랑의 계명을 좇아서 사랑하는 일은 특히나 그 사랑이 선물처럼 다가오고, 그 어떤 실망스러운 사태가 있을 수 없다면 아마도 그다지 어렵지 않을 것이다. 그러나 사랑이 정말 완전히 즉흥적이고 서로 우연한 만남을 통해서 이뤄진 경우 계명을 떠올리는 일은 어려울 수 있다. 그러니까 주관적으로 그래도 좋은 것 혹은 내면적인 욕구로서 다가오는 것을 객관적인 차원에서 마땅히 그래야 한다는 의미로 받아들이기는 어렵다. 그러나 이 같은 [주관적인 사랑에서 객관적인 사랑으로의] 변화는 동시에 옳은 길을 확증하는 것을 뜻한다. (주관적인) 욕구가 마땅히 준수해야 할 법法으로 다듬어진다면, 그것은 성모님에 대한 성자의 당연한 응답이란 관점에서 보답해야 한다는 의미가 아니라 성모님의 사랑이 진실하다는 사실을 확증하는 의미를 갖는다. 사랑은 그렇듯 진실하여 법으로 고양될 수 있고, 단 한 번 일어난 것이 여러 번 반복하여 일어날 수도 있으며, 개인이 자신의 사랑을 통해 교회를 [세상에] 드러낼 수 있다.

최상의 경우는 직무적-교회적인 사랑과 즉흥적-인격적인 사랑이 서로를 보완하는 것이다. 그러나 그로 인해 추종자들에게도 어려움이 시작된다. 그래서 이미 사도들에게서, 그러니까 다만 사람이라는 점에서 단 한 번 특별한 은총 안에서 사셨던 주님의 어머니처럼 충분히 신뢰할 수준은 아니더라도, 요한 사도처럼 일부 사도들은 앞의 두 가지 사랑의 관계를 잘 알고 있고 또 교회적인 사랑 안에 반영되어 나타나는 그와 대립하는 사랑을 동시에 인지하고 있는 까닭에 어려움이 있었을 것으로 여겨진다. 또 다른 사도들의 경우, 그러니까 성모님과 성자 사이의 관계에 대해 상대적으로 분명치 않은 생각을 갖고 있으면서 새롭게 세워진 교회 안에서 무엇보다도 성자와 그분의 가르침을 알고 있었던 일부 사도들은 이웃 사랑의 길과 순수 기념적인 차원에서 걷는 길을 동시에 따르는 데에 훨씬 더 많은 어려움을 가졌기에, 적극적인 사랑의 길과 관상적인 사랑의 길 둘 다 실천할 수 있는 방법을 따로 찾기 위해 수고를 아끼지 않아야 했을 것이다. 아마도 그들은 주님의 숭고하신 신적인 면모를 그리 분명하게 알아보지 못했거나 그런 면모를 매우 낯설게 여겼을지 모른다. 비록 그들은 베일 속에 감춰진 그러한 신비들을 단순히 통과하길 원했을지라도 그렇게 할 수 없어서 계속 자신들

앞에 던져져 있는 일종의 수수께끼처럼 간주한 것 같다. 예컨대 그 수수께끼는 반드시 풀어야만 할 다급한 것이기는 하지만 일찍이 주님도 풀지 못하신 것으로 생각한 것 같다. 그럼에도 불구하고 이 같은 사도들의 무리 또한 교회다. 그들은 과연 요한 사도와 (보다 더 특별한 의미에서 함께한) 성모님과 마찬가지로 똑같이 교회를 이룬다. 왜냐하면 교회는 정말이지 그저 순수한 이념으로 머무르는 단체가 아니라, 지금 있는 그대로의 사람들 안에서 자신을 구현해야 하는 살아 있는 공동체이기 때문이다. 하지만 그로 인해 교회 한복판에서 골칫거리가 시작된다. 교회다운 교회를 생각할 때 교회의 골칫거리는 교회에 속하면서 교회를 대표하는 개별적인 인격의 문제이기도 하다. 왜냐하면 대표한다는 것은 처음부터 교도권敎導權에 의한 것이 아니라 개인에 의한, 그러니까 개인적인 파견과 연관된 것이기 때문이다. 그리하여 **대표적인 것**은 주님에 의해 그분의 교회에 함께 주어진 것이자 객관적인 것으로서 수세기를 거치면서 점점 더 많은 것이 분명해질 뿐더러 개별적인 대표자와 분리될 수 없다. 오직 성모 마리아 안에서만 그것은 주체의 차원에서 완전한 실재가 된다. 나머지 다른 인격의 경우는 성모님을 이상적인 모범으로 삼지만, 완전하게 그것을 실현하지는 못한다. 베드로 사도는 항상 자신이 과거에 어떤 사람이었는지, 곧 주님을 세 번이나 부인했다는 사실을 의식하고 있었다. 그가 교회의 목자로 지명될 때 그의 응답이 앞서 요구되었었다.

"제가 주님을 사랑하는 줄을 주님께서는 알고 계십니다."
(요한 21,17)

이 응답은 어느덧 교회적이며 직무적인 것이 되었다. 왜냐하면 [그에 반대되는] 즉흥적 – 인격적인 사랑으로는 주님의 부르심에 충분히 응할 수 없다고 보기 때문이다. 직무 수행과 개인적(인격적)인 추종이 서로를 보완함으로써만이 교회의 응답이 온전하게 이뤄질 수 있다.

그런 까닭에 개인적인 추종은 주님을 뒤따르는 도중에 계속 성장하면서 교회적 – 객관적인 행보를 수용해야 한다. 주님을 향한 사랑에 의해서 그분을 뒤따르는 자는 그분 곁에 머무르며 그분이 명령하신 것을 결국에는 행하기 마련이다. 그는 하느님의 부르심과 그분께 응답하려는 결정에 대해 아주 사적인 통찰부터 시작한다. 그다음에 오는 것은 시험을 치르는 것이다. 그것도 이미 주님에게 너무나 밀접하게 속해 있는 지평 위에서 치르는 시험이라 그 뒤에 오는 이에겐 그러한 지평이 더 이상 분명할 수가 없다. 믿음과 소망과 사랑을 지닌 신앙인은 [누구나] 같은 길을 걷게 될 것인데, 그 길은 교회의 믿음과 희망과 사랑을 통해 알게 된 길이다. 그런 의미에서 주님을 사랑하는 이라면 그는 더 이상 자신의 특이한 얼굴이 아니라 주님에 의해 주어진 얼굴(표정)로 세상을 향해 나아가야 할지 모른다. 또한 더 이상 개인적으로 마련된 경로들이 아니라 멀리서도 주님을 기억하고 흡사 성부께서 당신 아드님을 통해 그분의 제자의 얼굴을 알아보실 것 같은 그런 경로를 따라 걸어가야 할지도 모른다. 주님께서 기꺼이 내어 주신 얼굴, 곧 추종자의 모습은 교회의 객관적인 얼굴이다. 그와 마찬가지로 제자의 행동은 설령 그것이 여전히 즉흥적으로 비쳐진다고 하더라도, 교회가 주목하는 객관적인 행동이다. 계속해서 신앙인은 신부다운 행동을 요구받는 상태에 놓이게 될 것이다. 그것은 교회가 계속해서 주님께 어울리는 존재가 되어야 하며, 그로써 주님께서는 교회로부터 매번 새로운 응답을 들을 수 있으실 것이기 때문이다. 교회는 이때 자신만의 특별한 행동을 취하는 상태에 이르겠지만, 그것은 또한 주님으로 인해 취하는 태도, 그러니까 '주님께 내맡겨서 그분의 바람대로 매사가 이뤄지길 바라는 태도 Geschehenlassen'이기도 하다. 그리하여 그 순간에는 나름의 특별한 행동이라고 명료하게 판가름할 수 있는 시점이 존재하지 않는다. 그와 마찬가지로 그렇게 행동하는 중에는 **주님께 내맡겨서 그대로 이루어지게 하는 태도**를 정확히 분간할 수 있는 지점도 존재하지 않는다. 그 시점과 지점은 모두 [그 봉합점을 찾기 어려울 정도로] 주님께 순종하는 가운데 유유히 흘러간다.

우리는 교회의 삶을 파악하기 위해 주님의 삶을 두 가지 국면으로 나누어 살펴볼 필요가 있다. 하나는 주님의 잉태 순간부터 십자가상의 죽음에 이르기까지, 나머지 하나는 주님의 부활부터 승천에 이르기까지 구분하는 것이다. 이 두 국면의 연결점은 최후 만찬이다. 최후 만찬은 수난 이전에 있었지만, 부활 이후에 교회에 의해서 비로소 그 만찬에 깃든 고유한 희생의 의미가 부각되었다. 주님의 수난과 부활 사이에서 특히 죽음을 건너가는 [파스카의] 연결점으로서 저 성만찬의 **몸**이 그 심오한 의미를 드러내 보여 준다. 그 몸은 한마디로 빵이 변한 살이요 포도주가 변한 피다.

한편 그 몸은 주님께서 사람과 동일하게 취하신 인간성을 대변하는데, 그 인간성은 첫 번째 국면에서 성모님이 잉태 순간에 **주님께 내맡겨서 그대로 이루어지게 하는** 태도와 십자가상에서 그와 똑같이 취하신 태도 사이를 통째로 이어 주는 토대다. 그리고 이와 같은 성모님의 태도와 주님의 태도 사이에서 주님께서 교회를 염두에 두시고 세워 놓으셨기에, 교회는 그분의 참된 육체적인 현존을 자신의 중심에 둔다. 교회의 시작을 함께한 사람들(제자들) 사이에 그분의 현존이 없었더라면, 그들은 그저 미래라고는 전혀 기대할 것 없는 한 무리의 집단을 형성하고 말았을 것이다. [마치] 올바른 이해 없이 한동안 함께 지내는 몇 명의 신봉자들처럼 고난의 시간이 닥칠 때면 [아무 일도 없었다는 듯이] 스승을 떠나 뿔뿔이 흩어져 버리고 마는 무리, 망설임과 결함으로 가득 찬 사람들의 작은 무리와 같이 말이다. 교회는 사실 인간적인 요소로 이뤄진 껍질과 이를 비로소 완전하게 채우는 주님의 현존 그리고 성령이라는 알맹이로 구성되어 있다. 처음에 성모님이 보이신 **내맡겨서 그대로 이루어지게 하는 태도**만이 성자께서 이 세상에 오심으로 인해 마침내 완전히 채워지길 기대하는 무한한 희망을 품을 수 있게 해 준다. 그러나 그러한 희망도 성자께서 부재하셨더라면 언제나 순전히 빈껍데기로 남았을 것이다. 그리하여 성자께서는 그리스도인으로서 유효한 길을 찾아 걷도록 돕기 위해 사람들에게 [강생의 신비와 더불어] 꾸준히 자신의 육체적인 현존이 절실히 필요함을 내다보셨다. 물론 그분께서는 자신만이 겪으셔야 할 죽음도 미리 내다보셨다. 그분께서는 자신의 죽음에 대한 생각(두려움)을 매우 인간적인 방식으로 취하며 견뎌 내셔야 했다. 그로써 당신과 함께하는 형제들의 처지를 몸소 경험하시고 그로부터 그들에게 신인으로서의 자신의 현존에 대한 확신을 심어 주시기 위해서 말이다. 바로 여기에 교회의 모든 성사들의 원천이 자리한다. 특히 십자가를 향해 있는 성체성사와 십자가로부터 첫 번째로 주어진 선물인 고해성사가 그러하다. 고해성사의 사죄경은 의당 신앙인들에게 주님의 현존을 드러내는 온갖 다양한 형식들, 예컨대 기도에 대한 가르침과 이웃 사랑의 계명, 살과 피를 축성하는 성찬례의 경문 등등, 그런 형식들 안에서 주님을 알아보고 받아들일 수 있도록 힘을 부여한다.

그러나 모든 것은 성령을 통하여 확증된다. 두 번째 국면은 주님께서 지상에서 떠나려고 채비하시는 시기로서 이제 성사들이 교회 안에 생생하게 살아 있을 것임을 함의한다. 무엇보다도 성체성사 안에 계시는 주님의 현존은 교회에 주어진 놀라운 선물이다. 그래서 주님께서는 자신의 승천과 함께 교회 안에 세워 놓으신 그 어떤 것도 제거하지 않으셨다. 이제 성모님의 희망 역시 성자의 존재 안에서 채워질 수 있을 뿐만 아니라, 그와 동일한 방식으로 교회의 존재 안에서도 채워질 수 있다. 그리하여 이제 더 이상 동정녀 마리아만이 홀로 '예'라고 응답하지 않고, 반석 위에 놓인, 계속 되어

가는, 새롭게 그리스도의 이름을 지닌 교회가 동정녀 마리아와 함께 응답할 것이다. 이제부터 모든 신앙인은 확신을 가질 것이니, 무한하신 하느님 앞에서 고백하는 교회의 응답은 일종의 완전한 '자기 자신을 내맡김Sich-zur-Verfügung-Stellen'을 뜻한다. 이는 앞서 모범을 보이신 성모 마리아의 '예'라는 응답을 뒤따르는 태도이자 성자의 삶 안에서 완전하게 선보인 그 구원이 그분에 의해 교회에 위임된 성사들을 통하여 함께 채워짐을 믿으면서 이를 위해 주님께서 교회에 마련해 주신 삶의 형식을 따라 성실하게 살아가겠다는 결심을 의미한다. 그러므로 이제는 동정녀 마리아가 더 이상 모든 것을 책임지고 희생하겠다고 혼자 나서서 응답한 '예'가 아니다. 오히려 확신을 따라 굳게 다져진, 그때마다의 [개별적인] 약속에 동참하겠다는 교회 공동체 전체가 응답하는 '예'다. 따라서 그 응답은 교회 안에서 벌어지는 일체의 사태들을 [마치] 진주 구슬 하나하나를 꿰듯이 서로 이음으로써 모든 신앙인들에게 교회 안에 안전한 거처를 선사하고, 그로써 교회적 삶의 다양한 형태들을 [완전한 하나의 진주 목걸이처럼] 하나가 되게 하는 끈이다. 그로써 신앙인 각자의 '예'라는 응답은 더 이상 저마다 지닌 약점들로 인해 위험에 처하지는 않을 것이다. 오히려 교회 안에서 그 응답은 온전히 실현될 것이다. 그것은 앞서 성모님의 '예'라는 응답을 통해서, 사람으로 사신 주님의 삶 전체를 통해서, 십자가에서 승천에 이르기까지 주님이 선보이신 교회적인 삶 전체를 통해서 실현될 것이요, 주님에 의해 함께 하늘에 받아들여질 것이다. 그로써 오순절에 한 번 더 사람들에게 성령께서 충만하게 임하심으로 인해 생생하게 재현하도록 기억을 되살려 줄 것이다. 성자께서는 그분의 약점 많은 교회의 '예'라는 응답을 함께 들어 올리시어 성령 강림절 전 열흘 동안 삼위일체 하느님의 시험대 위에 올려놓으신다. 그리하여 성령께서 강림하시는 날 성령께서는 하늘로부터 충만함을, 곧 '예'라는 응답의 명백한 증거를 가지고 오실 것이니, 이제 그 응답은 수천 년간 지속될 수 있는 힘뿐만 아니라 매번 새롭게 또 개인적으로 언급되더라도, 여전히 계속해서 익명으로 그리고 교회 차원에서 고백할 수 있는 힘을 갖추게 될 것이다. 이는 결코 성모님께서 언급하신 응답의 의미가 평가 절하 되는 것을 뜻하지 않는다. 왜냐하면 성모님은 무엇보다도 오직 그분 자신(만)이 경험할 수 있는 실재성 안에서 천사와 마주하여 그렇듯 독보적인 모습으로 응답하였기 때문이다. 그처럼 성모님의 응답은 실제 그분만이 성자의 강생 및 성장에 기여했어야 할 만큼 구체적인 것이었다. 성모님은 자신의 '예'라는 응답을 통해 하늘나라의 한 귀퉁이가 이 세상을 포용하는 교회로 변모하도록 하느님께 내맡겼다. 그리하여 이 응답은 결코 혼자만 누릴 것을 염두에 둔 응답이거나 개인적으로 다가온 지나친 요구에 대한 응답이 아니라, 삼위일체 하느님 앞에서 거룩한 이들의 공동체가 [이구동성으로] 고백하는 응답이다. 그것도 사람의 몸을 취하신 하느님께서 성모님에게 직접 당신 자신을 선사하신 확실성과 성자께서 [어머니를 따라] 친히 "당신의 뜻이 이루어지소서!" 하고 기도하신 그런 확고한 신념을 가지고 고백하는 응답이다. 그것은 모든 상황을 서로 이어 주고 모든 신앙인들에게 주님의 생생한 삶을 선사하는 은총과 분리시킬 수 없는 응답이다.

그리하여 이제 성부께서 받아들이시는 우리의 응답은 하나이면서 동시에 다채로운 것이 될 것이다. 성부께서는 그 응답을 사람들 각자의 목소리로 듣지 않으신다. 왜냐하면 그 응답은 항상 성부의 마음에 드시는 성자를 통하여, 성령의 도움 아래서, 거룩한 이들의 공동체 안에서 계속 살아 계신 성자와의 일치 안에서 그리고 성모 마리아의 '예'라는 궁극적으로 유효한 응답과 함께 성부께 들어 올려지기 때문이다. 그래서 그 응답은 교회적이다. 하느님께서는 그 응답을 일찍이 당신 아드님을 이 세상에 보내실 때 함께하셨던 성령의 증언과 더불어 받아들이신다. 그런 의미에서 성부께서는 그 응답을 성자의 파견이 완성되었다는 표지로 받아들이시고, 성자께서 십자가의 수난을 겪으신 후 하늘로 돌아가신 표지로도 받아들이신다. 따라서 이러한 받아들이심은 성부께서 성자에게 하늘과 땅의 모든 것을 다스리도록 넘겨주시는 것을 뜻하며, 또한 성부께서 사람들의 '예'라는 응답을 하늘로 오르신 성자의 응답과 한데 결합시켜 받아들이심으로써 성자의 **구속**救贖 행위를 영원히 인정하심을 뜻한다. 하느님께서 원하시는 것을 실천하려는 사람의 구체적인 '예'라는 응답은 온통 자기 자신을 하느님의 처분에 내맡기는 것이므로 하늘에 오르신 완전한 말씀으로 받아들여진다. 그래서 그 구체적인 응답은 사람이란 현존재 외에는 달리 아무도 해낼 수 없는 것이요 동시에 약점이 많은 사람의 말이지만, 영원한 말씀으로 변화될 것이다. 왜냐하면 한 신앙인이 확고하게 고백하는 이 응답은 그럼에도 이미 성자의 입을 통해 발설된 그것과 다르지 않기에 [시간적인] 한순간이 그 안에서 영원으로 바뀌는 힘을 얻어, 마침내 사람의 말이 갖는 모든 한계가 하느님 안에서 말끔히 사라져 버릴 것이기 때문이다.

만일 성자께서 성부의 말씀이시라면, 성자께서는 그렇듯이 지상에서 저 영원성에 어떤 의미를 부여하기 위해, 곧 자신이 기꺼이 바치는 희생을 통해 모든 사람을 성부께로 인도하기 위해 세상에 오신, 성부의 무한하심을 밝히는 증인이시다. 그분의 어머니가 고백한 '예'라는 응답 안에서 성자께서도 자신에게 주어진 고통스러운 삶을 완전히 채워야 함을 아셨다. 왜냐하면 성모님은 '앞서 구원받은 자die Vor-Erlöste'로서 아드님 안에서 그분이 장차 언급하실 [영원히] 유효한 말씀을 함께 언급할 수 있는 은총과 영광을 받아 누리셨기 때문이다. 성모님이 그 말씀(성자)을 통해서 자신의 삶을 완전하게 채우듯이 성자께서는 성부의 말씀 안에서 자신의 (지상에서의) 삶을 완성하신다. 성자께서는 그 말씀에 교회의 유구한 '예'라는 응답의 의미를 실어 삼위일체 하느님께 되돌려 드렸다. 그러므로 성자께서는 교회의 응답을 영원한 것으로 만드신 셈이다. 이때 교회의 응답을 성자께서는 각자의 말로 남아 있도록 하지 않으시고, 모든 신앙인의 목소리를 한데 모으셨다. 그리하여 성부께서는 교회의 응답을 완전하게 채워진 말로 받아들이실 것이니, 성자에게 속한 이들과 함께 성자의 말로 받아들이실 것이다. 그것(교회의 응답)은 그 어떤 신앙인에게서든 교회 안에서든 성자의 말씀 외에, 그러니까 점점 더 커져야 할 하느님의 영광에 유익한 말씀 외에 다른 어떤 의미로도 이용될 수 없다. 그리고 그것은 우리가 하느님의 영광을 [감히] 눈으로 지켜보고 판단할 수 있기라도 하듯이 거드름 피우는 그런 입장에선 결코 들리지 않고, 오직 하느님의 권능에 의해 알아듣고 받아들일 수 있게 되며 하늘로부터 천 배 혹은 백만 배의 강력해진 힘을 얻어 영원한 세계를 증거하는 말씀으로 우리에게 다시 선물처럼 주어질 것이다. 교회의 응답은 당장 보통의 말과 같아 보이지만 단순히 하느님의 목소리를 이 지상에서 알아듣게끔 체화體化시키는 힘을 넘어서 이 세상의 형체를 하느님께서 원하시는 뜻에 따라 변모시키는 힘을 지닌다. 거기서 사람들 사이에 오가는 인간적인 요소는 하느님에 의해 소거되고 하느님의 무한하심을 경험하게 해 줄 것이다. 그리하여 만일 사람이 교회의 응답을 다시 취하게 된다면, 다시 말해 사람이 자신의 응답을 그리스도 안에서 완전하게 채우게 된다면, 그때에는 그 응답 안에서 하느님의 위대하심을 경험하게 될 것이다. 삼위일체 하느님 안에서 성부의 말씀이 지닌 권능이 얼마나 위대한지, 하느님께서 말씀으로 이 세상과 사람들을 만드심으로써 계획하신 바가 무엇인지, 성자께서는 사람이 되시어도 어떻게 성부 곁에 머무르시는지, 성령께서는 어떻게 성부와 성자 곁에서 구원 역사를 함께 완성하시는지 그리고 마침내 하느님께서는 저 하늘나라에서 어떻게 사랑하시는 이들에게서 그 모든 것을 가장 좋은 것으로 채우시는지 깨닫게 될 것이다. '예'라는 응답은 성부와 성자와 성령의 영원한 생명을 끝없이 직관할 수 있도록 우리를 눈뜨게 해 준다.

아드리엔 폰 슈파이어의

생애와 영성

"아드리엔 폰 슈파이어는 삼위일체, 강생, 십자가를 비롯해 여타 많은 것들에 대한 신학적 직관을 갖고 있었습니다. 이는 1940년대 이후부터 마지막까지 줄곧 제게 영감을 불어넣어 주었습니다. 제 모든 활동은 거대한 가톨릭적인 전망의 관점 안에서 자리하고 있습니다."

― 한스 우르스 폰 발타사르

"지상에서 천국의 삶을 살도록
부르심받은 이"

슈파이어의 생애

아드리엔 폰 슈파이어는 1902년 9월 20일, 스위스 라쇼드퐁에서 4남매 중 둘째로 태어났다. 쾌활하고 온화한 성격이었던 그녀는 어릴 때부터 안과 의사였던 아버지를 따라다니며 아픈 아이들을 많이 만났다. 그리고 아버지가 아이들을 고쳐 주는 모습을 보면서 의사가 되겠다는 꿈을 가졌다.

슈파이어는 독실한 개신교 집안에서 자랐지만 목사가 말하는 개신교가 공허하다고 느꼈다. 그 하느님은 자신이 아는 하느님과 달랐기 때문이다. 9세 때는 예수회원들과 묵상 기도에 관한 강의를 하기도 했는데 그때 이미 그녀의 마음에는 가톨릭 신앙이 싹트고 있었다.

의학을 공부하며 꿈을 키워 나가던 어느 날, 아버지가 돌아가셨다. 겨우 10대 중반이었다. 집안 형편이 어려워져 그녀는 학업과 집안 살림을 병행해야 했다. 결국 1년도 채 지나지 않아 건강이 약해져, 의사에게 다음 해까지 살 수 없을 거라는 말을 들었다. 모든 걸 포기하고 요양하면서 기도하는 데 오랜 시간을 보낸 그녀는 그 시기에 기도의 세계와 고통의 세계를 경험했다. 그리고 앞으로 더욱 기도하는 삶을 살아야겠다고, 고통스러워하는 이들을 돕기 위해 의사가 되어야겠다고 결심했다.

기적적으로 건강을 회복한 그녀는 다시 의학을 공부하기로 했다. 그러다 1927년에 이탈리아로 휴가를 가는데, 그때 거기서 만난 역사학자 에밀 뒤르와 결혼했다.

1928년에 시험을 보고 마침내 의사가 되었다. 병원을 개업하자 많은 환자들이 몰려들었다. 슈파이어는 자신이 결심한 대로 가난한 사람은 무료로 진료하고, 수많은 아이의 생명을 구했으며, 미혼모와 그 자녀들을 관심을 가지고 돌보았다. 또한 의사와 환자의 관계에 관한 여러 글을 남겼다.

1934년, 남편이 갑작스럽게 사망했다. 슈파이어는 슬픔에 빠진 채 남편의 아이 둘을 키우며 살아가야 했다. 그러다 1936년에 아이들에게 헌신적이고 슈파이어의 영적 생활을 존중하는 에밀 뒤르의 조교수 베르너 캐기와 재혼했다.

슈파이어는 제 안에 있는 가톨릭 신앙을 깨달은 뒤 여러 번 사제를 만나 개종하려 하였으나 실패하였다. 하지만 모든 성인 대축일인 1940년 11월 1일에 한스 우르스 폰 발타사르에게 세례를 받고 가톨릭 신자가 되었다. 그리고 그와 지속적으로 영적인 교류를 나누다 1945년에 함께 재속 수도회를 설립하였다. 시간이 갈수록 건강이 점점 약해지던 그녀는 결국 1950년대 중반에 기력이 없어 더 이상 환자들을 진료하기가 어려워져 의료 행위를 그만두게 되었다. 그 후로도 기도하고, 뜨개질을 하고, 편지를 쓰고, 책을 읽으며 생활하던 슈파이어는 죽음을 앞두고 "죽는 것이 얼마나 아름다운가."라고 말하였다. 그 이유는 오직 하느님만이 우리 앞에 계시기 때문이었다.

1967년 9월 17일, 그녀가 세상을 떠난 그날은 빙엔의 힐데가르트 축일이었다. 슈파이어의 전 생애는 전적으로 하느님께 순명하고 하느님의 사랑으로 스며드는 삶이었다.

슈파이어의 영성과 신비 체험

슈파이어가 지옥에 대한 환시를 보고 성모 마리아, 이냐시오 성인 및 다른 성인들과 대화를 나눴다는 말을 들으면 그 시대 사람들은 의구심을 가졌을 것이다. 그러나 발타사르가 슈파이어의 저서를 출판할 때까지 가족조차도 그녀가 겪은 신비 체험에 관해 아는 것이 없었다. 슈파이어는 자신의 신비 체험을 영적 지도자이자, 고해 신부인 발타사르에게만 알렸다. 그녀는 오상의 신비, 천사들과 성인들에 둘러싸인 성모 마리아의 환시를 체험했을 뿐 아니라 이냐시오 성인, 소화 데레사 성녀, 아르스의 비안네 성인, 여러 사도들, 교회의 교부들과 만나는 등 많은 신비 체험을 했다. 발타사르는 슈파이어의 신비 체험을 기록하고 묵상을 받아 적었다. 또한 그녀에게는 외적인 은사들도 있었는데, 주목할 만한 건 슈파이어와 환자 사이에서 이루어졌던 치유의 은사다.

슈파이어의 신비 체험 중에 성토요일에 대한 체험 또한 널리 알려져 있다. 슈파이어의 성토요일 신비 체험은 '그리스도께서 지옥에 내려가심은 성부를 향한 그분의 최종적인 순명을 드러내는 것'으로 이해할 수 있다. 그리스도께서는 지옥에서 자신의 구원 업적을 발견하신다. 슈파이어는 성자 그리스도께서 부활 이전의 성인을 풀어 주기 위해(마태 27,52 참조) 불타는 칼을 들고 지옥의 앞마당으로 들어가는 신화적 영웅의 대중적 이미지가 아니라, 이냐시오 성인의 '받으소서 Suscipe' 기도에서처럼 아무것도 모르고, 움직이지 않고, 기억하지 못하는 순종으로, 아버지에 대한 엄격한 순종으로 지옥의 깊은 곳을 여행한다고 설명한다. 슈파이어는 아들의 승리(부활절의 승리자가 아닌 순명의 극한적인 밤에 드러나는 승리자, 진정한 '시체의 순종'을 이룬 승리자)가 성부 아버지께 대한 완전한 순종에 있다고 말한다. 그분은 순종적인 사랑으로 죽음과 지옥을 통과하여 아버지께 나아간다. 성부께서는 성토요일에 이 신비를 위한 열쇠를 성자께 건네주셨다.

슈파이어는 성자의 '받으소서'의 완전한 구현이 아버지의 사랑과 완전한 개방성과 상호 사랑의 삼위일체 관계를 세상에 드러낸다고 말한다. 이는 철학적 범주보다는 기도를 통해 삼위일체 위격들의 일치와 구별을 한 것이다. 그녀는 사랑의 비유와 성사적 결혼의 비유로 이를 설명하고 있다. 이냐시오 성인이 일상적인 용어로 말하였듯이, 슈파이어도 복잡한 신학적 개념을 표현하기 위해 일상적인 언어를 사용하고 있다. 따라서 슈파이어의 일상적인 비유는 그녀의 신학적 개념과 영성을 이해하는 데 중요하다.

슈파이어의 작품

슈파이어는 의사이자 신비가로 활동하면서 많은 영성 서적 및 신학 서적을 집필하였다. 이미 신비 체험을 통해 가톨릭 교회의 교의를 거의 통달한 수준이었기에 그녀가 작품을 통해 전하는 신학을 '체험 교의 신학'이라고 부른다. 위대한 신학자 발타사르와 맺은 특별한 인연은 그녀의 기도 및 관상 활동에 적지 않은 영향을 미쳤다. 그녀의 요한 복음서 주해와 성경 주석들, 신학적·영성적 물음을 제기한 많은 작품들은 모두 발타사르와 공동으로 작업한 것이다. 그 모든 작품은 발타사르가 설립한 요하네스 출판사를 통해 출간되었고, 40여 개의 언어로 옮겨져 전 세계에 소개되고 있다.